四特 教育系列丛书 SITE JIAOYUXILIECONG

U0695642

带班的技巧

《"四特"教育系列丛书》编委会　编著

吉林出版集团股份有限公司
全国百佳图书出版单位

图书在版编目（CIP）数据

带班的技巧／《"四特"教育系列丛书》编委会编著．
—长春：吉林出版集团股份有限公司，2012.4
（"四特"教育系列丛书／庄文中等主编．班主任治班
之道）
ISBN 978-7-5463-8789-5

I.①带… Ⅱ.①四… Ⅲ.①中小学－班主任工作
Ⅳ.① G635.16

中国版本图书馆 CIP 数据核字（2012）第 043946 号

带班的技巧

DAI BAN DE JIQIAO

出 版 人	吴　强	
责任编辑	朱子玉　杨　帆	
开　　本	690mm×960mm　1/16	
字　　数	250 千字	
印　　张	13	
版　　次	2012 年 4 月第 1 版	
印　　次	2023 年 2 月第 3 次印刷	

出　　版	吉林出版集团股份有限公司
发　　行	吉林音像出版社有限责任公司
地　　址	长春市南关区福祉大路 5788 号
电　　话	0431-81629667
印　　刷	三河市燕春印务有限公司

ISBN 978-7-5463-8789-5　　　　　定价：39.80 元

前　言

　　学校教育是个人一生中所受教育最重要的组成部分,个人在学校里接受计划性的指导,系统地学习文化知识、社会规范、道德准则和价值观念。学校教育从某种意义上讲,决定着个人社会化的水平和性质,是个体社会化的重要基地。知识经济时代要求社会尊师重教,学校教育越来越受重视,在社会中起到举足轻重的作用。

　　"四特教育系列丛书"以"特定对象、特别对待、特殊方法、特例分析"为宗旨,立足学校教育与管理,理论结合实践,集多位教育界专家、学者以及一线校长、老师们的教育成果与经验于一体,围绕困扰学校、领导、教师、学生的教育难题,集思广益,多方借鉴,力求全面彻底解决。

　　本辑为"四特教育系列丛书"之《班主任治班之道》。班主任是教师队伍的重要组成部分,是班级工作的组织者、班集体建设的指导者、学生健康成长的引领者,是思想道德教育的骨干,是沟通家长和社区的桥梁,是实施素质教育的重要力量。班主任工作是学校教育中极其重要的育人工作,既是一门科学,也是一门艺术。班主任工作既包括日常的教学管理,也包括班级文化建设。

　　本辑共20分册,具体内容如下:

　　1.《管好班干部》

　　班干部是班集体的核心,也是班级的"火车头",这个"头"带的好不好,马力足不足,直接影响到整个班级的运转。有了优秀的班干部队伍,班级各项工作就会顺利开展,班级面貌就会生机勃勃;反之,班级就是一盘散沙,集体就会涣散无力。因此,如何培养一支素质高、能力强的班干部队伍,显得尤为重要。本书对班主任如何管理好班干部进行了系统而深入的分析和探讨,并提出了解决这一问题的新思路、可供实际操作的新方案,内容翔实,教案丰富,对中小学班主任颇有启发意义。

　　2.《带班的技巧》

　　本书讲述的常见问题与解决策略,绝大多数来自新时期一线班主任的教育实践,因此,其实用性和可操作性是不言而喻的。同时.本书又不拘泥于就"问题"论"问题",而是透过现象看本质,善于引导新班主任们看到问题背后更深层次的东西,从而看得更远、想得更深、悟得更多。

　　3.《全能班主任》

　　优秀的班主任是如何炼成的? 他们的成长要经过多少道磨练? ……本书对优秀班主任成长必经的多项全能进行了深刻剖析与精彩演绎。

　　来自一线最真实的问题,来自一线最优秀班主任的"头脑风暴",来自全国著名班主任的点拨，使得本书在浩如烟海的班主任培训用书中脱颖而出。

4.《拿什么约束班主任》

班级是学校进行教育、教学工作的基本单位。班主任是班集体的组织者、教育者和指导者，是学校领导实施教育、教学计划的直接执行者，是指导团队开展工作的重要力量，是沟通学校、家庭、社会三结合教育渠道的桥梁。为了能更好地体现新课程改革对班主任工作的要求，进一步规范班主任工作的管理，明确班主任工作职责，促进班级工作的开展，建立良好的班风、校风，班主任教师除了在工作中讲究技巧性和艺术性外，还应该有严格的工作要求与便于实践操作的基本规范。

5.《班主任的基本功》

班主任工作十分繁杂，头绪很多，要想成为一名优秀的班主任，应当从事务堆中解脱出来，始终保持清醒的头脑，以明确自己的使命。本书全方位地阐述了新时期做好班主任应具备的各方面要素；它从班主任实际工作出发，从工作中出现的问题入手，再到详细地分析问题的成因，最后提出解决问题的方法、策略或建议。本书反映了我国新时期有关班主任工作的方针、政策的新动向，反映了班主任教育理念发展的新趋势，同时也反映了班主任工作实践活动的新发展。

6.《从细节入手》

班主任是班级的组织者、协调者、领导者和教育者，他是距离学生最近、与学生接触最多、对学生影响最大的老师。他的管理、他的教育影响的发挥在很大程度上取决于对教育细节的把握。细节虽小，却能透射出教育的大理念、大智慧。一个成功的班主任，一定是一个关注细节、善于利用细节去感染、教育和管理学生的人。

7.《班主任谈心术》

当前，青少年心理健康问题已成为全社会越来越关注的焦点。因青少年心理问题引发的违法犯罪等社会问题，也呈日趋上升的态势。现代教育的发展要求教师"不仅仅是人类文化的传递者，也应当是学生心灵的塑造者，是学生心理健康的维护者"。作为一班之"主"的班主任，能否以科学而有效的方法把握学生的心理，因势利导地促进各种类型学生的健康成长，将对教育工作的成败有决定性的作用。但是，面对性格迥异，出身、家庭等各有不同的学生，如何走进他们的心灵、倾听他们的心声、解决他们的思想问题？本书将一一为您解答。

8.《班主任治班之道》

班级是学校的基础"细胞"。班级管理搞好了，学校的教育、教学工作才会得以顺利。正如赫尔巴特所说："如果不坚强而温和地抓住管理的缰绳，任何功课的教育都是不可能的。"可见班级管理工作是多么的重要。而班主任作为班级的组织者、管理者，做好班级的管理就成为班主任工作的重中之重。

9.《怎样开好班会》

主题班会可以锻炼学生的活动能力,开拓他们的眼界。如何设计好一场别开生面的主题班会,寓教于乐,从思想上和情感上润物无声,对学生起到特殊的教育作用,这本手册是您的最好选择。分类细,立意精,内容新,一册在手,开班会不愁!

10.《突发事件应对》

书中列举的大量真实生动的案例,无不充满智慧,充满心与心的交流。书中的一幕幕校园闹剧,让人有种似曾相识的感觉;书中老师的"斗智斗勇",让人感到耳目一新,由衷叹服,不禁感慨教育真是一门充满智慧的学问!

11.《学生人格教育》

本书从人格类型入手,对教师和学生的人格类型进行了划分;再结合大量实证研究和教学实践个案,提出了教师应如何巧妙地根据学生的心理类型,在全班教学的同时又针对类型差异,进行适应个别差异的教学和管理,以满足学生的需要来激发学生的学习兴趣,进而提高教学效率,使每个学生得到适合自己的发展。阅读本书,教师不仅能够掌握更有效的教学方式、让学生喜欢上学习、提高教学质量,而且能够对自己有更进一步的了解,有利于教师的自我成长。

12.《学生心理教育》

当前我国教育改革和发展面临的重大任务和时代主旋律,是全面实施和推进素质教育。素质教育的重要内容和目标之一,就是培养学生良好的心理素质,提高学生的心理健康水平。而要想培养和发展学生的心理素质,最重要的方法就是面对全体学生系统地开展心理健康教育。本书就是一本供中小学生心理健康教育用的书,有助于引导中小学生领悟到相关的理念、知识和方法。

13.《学生遵纪守法教育》

对广大青少年的遵纪守法教育应根据其认识水平,从纪律教育入手,让他们从小建立起规则意识。而且要明确所在学校的校规,所在班级的班规;要了解学校的各种制度。由学校的一些纪律制度,推而广之,让青少年对必要的社会公共秩序的规定也要有所了解。同时,要青少年明白人小也要守法。本书以青少年为主要读者对象,目的是让青少年读者感受到遵纪守法的必要性。

14.《学生热爱学习教育》

本书通过大量实例,深入浅出地剖析了动机的重要性和来源,教您如何激发学生投入学习的动机,怎样鼓励学生完成学习任务,还告诉您怎样及时遏制学生在课堂上的不当动机。掌握了激发学生学习动机的策略之后,您会发现,让学生都爱学习,已不再只是梦想,它正在慢慢变为现实。

15.《学生热爱劳动教育》

教育与生产劳动相结合是我党教育方针的重要组成部分,是我们坚持社会主义教育方向的一项基本措施。要搞好教育与生产劳动的有机结合,必须首先教育学生热爱劳动,使每个学生对劳动产生渴望,感到劳动是一种欢乐,是一种享受。当学生能从劳动中取得乐趣时，劳动教育才算获得成功。

16.《学生热爱祖国教育》

热爱祖国是中华民族的传统美德，是每个公民的神圣义务。"以热爱祖国为荣，以危害祖国为耻"不仅是一个普通的道德准则，也是公民的生活规范。爱国主义是维护中华民族大团结，促进社会大发展的主要精神动力，是中华民族最基本、最重要的传统美德。爱国主义，也是对自己祖国和人民的深厚感情。

17.《学生热爱社会教育》

构建社会主义和谐社会，必将为青少年健康成长创造一个优良的社会环境。同时，加强青少年社会教育，促进青少年健康成长，对于促进社会主义和谐社会建设，也具有十分重要的意义。社会的持续发展，持续和谐，在很大程度上取决于今天的青少年能否成为未来社会的合格成员，而培养合格的社会成员，仅靠学校教育、家庭教育是不够的，必须坚持学校教育、家庭教育和社会教育相结合。

18.《学生热爱科学教育》

当你们看着可爱的动画片，玩着迷人的电脑游戏，坐上快速的列车，接听着越洋电话的时候，……你可曾意识到科学的力量，科学不仅改变了这个世界，也改变了我们的生活，科学就在我们身边。科学技术的日新月异，使得科学不只为尖端技术服务，也越来越多地渗透到我们的日常生活之中，这就需要正处于青少年时代的我们热爱科学，学习科学。

19.《学生热爱环境教育》

我们不是从祖先那里继承了地球，而是从子孙那里借用了地球。宇宙无垠，地球是一叶扁舟，人类应该同舟共济。地球能满足人类的需要，但满足不了人类的贪婪。森林是地球的肺，我们要保护森林。水是生命的源泉，珍惜水源也就是珍惜人类的未来。拯救地球，从生活中的细节做起。对待环境的态度，表现着一个人的素质和教养。人类若不能与其它物种共存，便不能与这个星球共存。幸福生活不只在于衣食享乐，也在于碧水蓝天。

20.《学生热爱父母教育》

专家认为教育首先是让孩子"成人"，然后再是"成才"。要弄清成绩、成人与成才三者的关系，谨防"热爱教育"缺失造成的心灵成长"缺钙"现象。对一个孩子健全人格的培养，最关键的要让他做到几点：热爱父母，能承受挫折、吃得起苦，有劳动的观念。热爱父母，才能延及热爱社会、热爱人生。

由于时间、经验的关系，本书在编写等方面，必定存在不足和错误之处，衷心希望各界读者、一线教师及教育界人士批评指正。

编者

目　录

第一章

班主任要做好起点工作

成为课堂学习的主人

为了适应社会发展、科技进步，我国急需要高素质的劳动者，而劳动者的素质主要取决于教育。为此，我国进行了新一轮的基础课程改革，并颁发了《基础教育课程改革指导纲要》。

《基础教育课程改革指导纲要》把"以学生发展为本"作为新课程的基本理念，提出"改变过于强调接受学习、死记硬背、机械训练的现状，倡导学生主动参与、乐于研究、勤于动手"，"大力推进信息技术在教学过程中普遍应用，逐步实现教学内容的呈现方式、学生的学习方式，以及教学过程中师生互动方式的变革"。新课程指导纲要突破了以往历次教学改革的模式，从变革老师教的方式转为变革学生学的方式。

改变学生学的方式，就是要转变目前同学们总是被动、单一的学习方式，让同学们成为学习的主人，培养大家的创新意识和实践能力。这就需要提倡自主、实践、探索、合作的学习方式。

新课改呼唤新课堂，实施新课程必须更新课堂教学。

新课程究竟需要什么样的新课堂呢？

1. 以同学们为主体的课堂

新课堂首先是学生的，同学们要改变脑海中习惯了的固有的课堂模式，改变心目中"课堂里必须安静听讲"、"仔细记学习笔记"的传统模式，在老师开课前便明白新旧课程的区别，了解新课堂模式、新教学模式、新学习方式和新课程的作业模式，能理解老师在课堂上的教学情境和设计意图，从而进行有效的思维，积极参与到课堂教学中来。

在新课堂上，同学们应该自主学习，改变原课堂中老师是知识、问题以及结果的先知，老师教什么，大家就学什么，老师怎么教，大家就怎么学,大家只需要把老师讲的每一句话都记住,然后经过反复地做题、模仿,进而掌握知识的旧模式,使自己真正成为课堂的主体。

2. 充溢着生命活力的课堂

在课堂上,同学们要充分调动起学习的情趣,积极营造和谐的学习氛围,想学、要学、乐学,充分激发学习的欲望,引发学习的兴趣,点燃思维的火花,尽可能积极主动地去提出问题,相互讨论、合作,并在实验中论证所得结论。

3. 促进同学们全面发展的课堂

新课程改革的核心理念就是"一切为了每一位学生的发展",它包括智力的发展、能力的发展、思维的发展、思想品行的发展等多方面。因此,同学们要着眼于自己的终身发展,在老师的引导下攀登知识的高峰、情感的高峰、思维的高峰、人格的高峰。

4. 开放性的课堂

开放是新课程理念之一,也是新课改的一大特色。任何封闭、落后的教育观念都不利于学生健康成长。中华文明光辉灿烂,博大精深,大家要积极与家庭、学校、社会沟通,善于融合中外文化之精髓,进行各学科知识的渗透、融通和整合性学习。

5. 探究性课堂

课堂是同学们学习的主要阵地,是大家获取知识的主要场所。因而,大家在课堂上要充分调动起学习的主动性,在老师的引导下进行自主、合作、探究性学习。

"思考即是想",只有自己动脑筋去想才能真正理解所学知识,促进思维的发展。同学们应根据老师提出的问题和创设问题的情景去思考、动手,充分感知所学内容;要有问题意识,探求解决问题的方法,形成自己解决问题的独立见解和创新能力。另外,大家在上课时要敢于表达出自己的不同观点,并就此在课堂上演说,发表自己的看法、见解;就某一方面的疑问展开讨论、争辩,使课堂充溢着浓浓的探究气氛。

新课堂以同学们的发展为本，同学们的角色要从被动接受者转变成主动参与者、探究者，学习方式也要从被动接受转变成积极探究、相互合作，成为真正意义上的学习者。

集中精力，高效上课

一位学习成绩非常优秀的同学在谈到自己的成功经验时说："许多人相信题海战术，以为做遍天下题，就笃定能应付考试。我却认为这样反而违背了学习知识的本意。其实，学习的关键是理解，只要做到每一堂课真正掌握老师教授的内容，不欠账，就能学好功课。每堂课的45分钟我都是集中全部注意力，做到'五到'。高效率地听和思考，往往当堂就能理解并掌握所学的内容。"

新课堂要求学生主动积极，全面发展，培养创新意识和实践能力。因此，同学们在课堂上需要改变以往那种"纯听"的做法，而应调动全身多种感官一起参与到听课中来，"面面俱到"。只有这样，听课的效果才会更好，大家的能力也才能发展得更充分。

许多学习优秀的同学在介绍自己的学习经验时，都曾谈到过用"五到"的方法去听课。那么，这"五到"究竟是什么呢？

"五到"，即耳到、眼到、口到、心到、手到。

1. 耳到

耳到即耳听。注意听老师的讲授，听同学的回答，听大家的讨论，听老师的答疑。认真听讲是听课中的重中之重，做到聚精会神地听是实现高效课堂学习的重要环节，任何一种高效学习都是借助听来实现的。

2. 眼到

眼到即眼看。认真看教材，看必要的参考资料，看老师的表情、手势以及板书、实验演示，还可以看优秀同学的反应等。老师的板书是一节课的主要内容和重点、难点知识的推导过程和最后结论，是注意点的浓缩。因此，大家要仔细看老师的板书，必要时还要记下来。内容较多时，对板书还要及时看，以免被老师擦掉。课堂上必须注意同学在黑板上的解题板演，看看同学的解题步骤、方法、结果是否和自己的相同以及有何优缺点。

3. 口到

口到即口说。复述老师讲述的重点，背诵重要的概念、定理，大声朗诵老师指定的段落，大胆提问，大胆回答老师的提问。

善于提问是听好课的又一个关键，陶行知先生曾说过："发明千千万，起点是一问。禽兽不如人，过在不会问。智者问得巧，愚者问得笨。人力胜天工，只在每事问。"同学们在课堂上要敢于问，敢于发表自己的见解，在此过程中暴露出自己的问题，以求能够得到及时解决。

4. 心到

心到即动脑筋。对接触到的知识进行积极思考。在课堂上听老师讲解学习内容，"用心"听是十分重要的。听课过程中，思维活动一定要跟上老师的节奏。

5. 手到

手到即手写。写老师讲授的重点，抄写有价值的板书。听课时要边听边在教材上圈圈点点，顺便记录一下自己的感想，划出重点、难点。

心理学家做过一个实验，让3组学生用3种不同方式记忆10张动画片，结果单纯视觉记忆保持效果为70%，单纯以听觉记忆保持效果为60%，以视听结合方式记忆保持效果为86.3%。可见，各种感官参与的记忆比单一感官参与的记忆效果要强得多。

经过进一步研究，心理学家得出了一条基本原理：在学习活动中，多种感官参与的学习效果明显优于单一感官参与的学习效果，同时多种感官的参与还有利于人的心情舒畅，有利于减轻学习压力对人的身体的影响。另外，脑科学的研究结果也证实：多种感官参与学习活动，可刺激大脑皮层并增强大脑皮层的暂时联系，激发兴趣，加强理解和记忆。

"五到"是一种综合运用各种感官，调动全身感觉系统来投入课堂的听课方法。它要求听课者全神贯注，多种感觉器官并用，多种身体部位参与，根据课堂情境和老师的要求适时地调整听课方法。这种方法不仅符合新课堂的要求，而且效果也非常的好。

不打无准备之仗

在法国的一个农场里，有一天半夜时分，突然狂风大作，闪电惊雷一个接一个。

农场主从睡梦中醒来，使劲敲打墙壁——隔壁睡着他雇佣的唯一一个工人。

农场主养了上千只鸡鸭、几百头牛马，还有刚刚打下的几十囤粮食，这么大的风雨一定会给他带来巨大的损失。他迫切地想叫醒那个工人，但是，农场主敲了足有 20 分钟，并没有回音，甚至还听到了那个工人香甜的鼾声！

农场主看着窗外的瓢泼大雨，心疼得都要哭了！他愤愤地想：好啊，明天我一定要把你解雇，在如此危急的时候，你竟然还能睡得这么安稳?!

农场主一夜没合眼。

直到第二天清晨，风停了，雨歇了，他心急火燎地跑出去一看，只见鸡舍、马棚和粮囤都盖着厚厚的塑料布，下水道处顺畅地流淌着积水。其他一切该准备的，那个工人都在睡觉前准备好了！

这时，工人睡眼惺忪地走过来问他有什么事，农场主高兴地拍着他的肩膀说："我要给您加薪！"

俗话说"不打无准备之仗"，充分精心的准备是成功的坚实保障，听课也是如此。在听课的过程中，做好充分的准备工作是非常重要的，它对于提高听课效果有着不可忽视的积极意义。

所谓听课的准备工作，大体来说有四点，即心理准备、生理准备、物质准备、知识准备。

1. 心理准备

上课要有良好的心理准备，这是一条被许多同学忽视的十分重要的准备。同学们只有在目的非常明确、心情非常愉快的情况下，才能充分发挥自己的学习潜能，提高学习效果。这就要求大家要对每一位老师的每一门课感兴趣，要有强烈的求知欲望。不论每一堂课所学内容是复杂还是简单，是难还是易，是多还是少，都应充满信心、认真对待。课前要调整好自己的情绪，保持最佳心理状态。有的同学对上课有一种消极的厌烦情绪，一上课心里就烦，觉得没意思，总盼着快点下课。这样的同学应提高对课堂学习的认识，调整好自己的心理状态，保持一种渴求的心态，盼望从课上能学到更多的知识。有了这样的身心准备，才能进入理想的精神状态，提高听课效果。

2. 生理准备

上课学习，是一项艰苦的劳动，它需要同学们有充沛旺盛的精力和健康的体魄，为了做好身体上的准备，要求大家必须做到两点：一是要有充足的睡眠；二是要注意课间休息。

充足的睡眠是精力充沛的保障。不同年龄的人需要不同的睡眠时间。一般来说，*3~4* 岁的儿童每天需要睡 *12* 个小时，*4~7* 岁的学生每天需要睡 *11* 个小时，*7* 岁以后的学生每天大约需要睡 *10* 个小时，成年人则需要睡 *7~9* 个小时。对于在校学习的学生来讲，按时作息、保证睡眠的时间和质量是非常重要的。

另外，课间活动的时间要合理利用。课间休息的好不好，与听课有直接的关系。同学们在课堂上听课，是紧张艰苦的脑力劳动。一节课下来，大脑神经细胞消耗了大量的氧气和养料，如补偿不足，就会感到头昏、疲劳，使观察力、注意力、记忆力和思维力减退。

有的同学利用课间赶作业，有的在课间讨论问题，争得面红耳赤、不可开交，有的则在课间讨论或看武侠小说、武侠人物，还有的讨论上网、交友。部分学生喜欢运动，课间打篮球、乒乓球，甚至踢球。所有这些活动所引起的兴奋波动，不会因为上课铃响而立刻平静下来，上课后很长时间都难以专心，听课效果可想而知。所以，课间10分钟，最好走出教室，到外面呼吸点新鲜空气或散散步，也可参加点轻微的体育活动。通过积极的休息，解除大脑疲劳，恢复大脑神经细胞的生理功能，为下节课精力充沛、头脑清醒地学习做准备，避免在大脑中形成干扰上课的"兴奋点"。

3. 物质准备

老师在讲课的时候，往往是根据课本的内容来讲解的。另外，同学们在具体的听课过程中，对于一些重要的内容还将记录下来。有时，老师讲解需要一定的学习用具相配合。因此，大家在做听课的准备工作时，应该准备好一堂课可能要用到的书、笔、笔记本、试卷、练习本以及其他学习用具。只有做好了各种准备，进入积极的学习状态才会快一些，学习效果也才会好一些。如果准备不充分，就会造成忙乱而影响听课。

学习用具要准备齐全。上课前只把与所讲科目有关的书本放到桌面上，其他书本则放在书包里或桌子下面，以免分散听课的注意力。

4. 知识准备

知识上的准备主要是对新课涉及的有关书籍、知识的复杂准备与新知识的预习准备。课前对上一节课的内容要有所了解，以便自然衔接新内容；对新知识也应有所预习，带着目的、疑问听课，针对性越强，效果就会越好。

孔子曰："温故而知新。"上课要接受新知识但也要温习旧知识。每一门学科都有严密的知识体系，尤其是像数学这样逻辑性极强的学科。前面的知识没有掌握，后面的知识就难以理解。所以，上课前一定要复习好旧课。复习的过程，是一种旧知识的温习过程、准备过程，也是由旧知识向新知识过渡的过程，即温旧纳新的过程。学习某种新知识，要运用哪些旧知识，联系哪些旧知识，哪些要做到重点准备，都要做到心中有数。只有这样，才能在听课中把新知识纳入旧知识体系之中，形成崭新的知识结构。

同时，上课前要通过对新课的预习，了解新旧知识的联系，明确新课的学习要求。通过预习了解自己是否掌握听新课需要的知识，如果发现自己还不具备这种知识基础，便要在听课之前及时补上，这样可以保证在教师讲新课的时候听得懂。对新知识的预习应注意抓住难点，明确听课重点，在预习中发现自己的疑难问题。只有带着问题听老师讲课，才能对新知识印象深刻，理解透彻，记忆牢靠。

带着问题进课堂

1981年，清华大学举行出国研究生考试，夺魁者6门科目（共600分）总分突破500分。外语成绩超过了清华大学本校的外语尖子生，获得留美研究生资格。

他叫范明顺，武汉电子学院的学生，当时21岁。他不是专家、教授的后代，是一名土生土长的农村娃。在入大学的摸底考试中，他的外语成绩为0分，其余科目成绩也不理想，他是怎样取得惊人进步的呢？主要经验之一就是他总是主动地带着问题听课。

学贵有思，而疑问则是开启智慧之门的金钥匙。

一节课45分钟，一天至少会有6节课，如果要求同学们每分钟都全神贯注地听老师讲课，这显然是不太现实的。因此，大家要在上课前做好准备，带着问题在课堂上听课。

问题来自于哪里呢？

来自于课前的预习。

预习可以增强听课的目的性和针对性。通过预习，可以初步了解新课的基本内容，找到重点、难点和疑点。这样，对于预习看得懂的知识，上课听讲时就着重研究老师讲课的思路，学习老师分析问题、解决问题的方法，找到掌握知识、解决问题的最佳途径；对于预习中不理解的问题，就可以集中精力听讲。

例如，在预习重力时，对于如何确定物体的重心感到困惑，因此在听课时就应该高度集中注意力，看老师是如何详细讲解。一旦突破了这个难点，那么余下的问题就迎刃而解了。

为了使大家在听课时重心更明确，听讲的效果更好，在预习的过程中需要注意以下几个问题：

（1）预习时要读、思、问、记同步进行。对课本内容能看懂多少就算多少，不必求全理解，疑难也不必深钻，只需顺手用笔做出不同符号的标记，把没有读懂的问题记下来，作为听课的重点。但对牵涉到已学过的知识以及估计老师讲不到的小问题，自己则一定要搞懂，以消灭"拦路虎"。

（2）预习应在当天作业做完之后再进行。时间多，就多预习几门，钻得深一点；反之，就少预习几门，钻得浅一点。切不可以每天学习任务还未完成就忙着预习，打乱了正常的学习秩序。

（3）有些学习较差的同学，课前不预习，上课听不懂，课后还需花大量的时间去补缺和做作业，整天忙得晕头转向，挤不出一点时间去预习。其实，这种同学学习差的根本原因就在不预习上。学习由预习、上课、整理复习、作业4个环节组成，缺了预习这个环节就会影响下面环节的顺利运转。这些同学必须做好在短期内要多吃点苦的思想准备，在完成每天的学习任务后，要安排一定的时间进行预习。这样做虽然浪费了时间，但上课能抓住重点，听懂更多的东西，减少了因上课听不懂而浪费的时间。同时，还可以减少花在课后整理、消化、作业上的时间。时间一长，运转正常了，学习的被动局面也就会改变，就再也不需加班加点了。

课前做好预习，带着问题走进课堂，会让你的学习变得轻松而高效，简单而快乐，在知识的天空里自由翱翔，振翅高飞。

还等什么呢？马上开始尝试一下吧！

提高认识去听讲

吴博威是 2007 年南京市中考第一名，他来自高淳县德圣中学，中考 10 门学科总分为 720 分，他获得 703 分。

"这个孩子学习能力在学校并不是最强的，最大特点就是上课时从没有一分钟开小差。"吴博威的班主任刘小连这样评价自己的得意弟子。吴博威也说，自己平时在年级只能排到十几名，参加全国英语竞赛和省数学竞赛也没获过什么大奖，在班上也不是学习最刻苦的；不过，他认为课堂 45 分钟的效率最为重要，课后再怎么用功都比不上课上认真听讲。

听讲，是同学们课堂学习的关键，它对同学们的学习有着非同寻常的重要性。

（1）课堂听讲占据着一天中最重要的一段时间，即早饭以后的整个上午和下午 4 点前。这段时间是人注意力最集中、脑功能最活跃、学习效果最好的时间，因此大家必须有效地利用这段黄金时间。

（2）课堂听讲的效果对学习成绩影响很大。在课堂上，同学们不仅可以听到老师对知识的精心讲解，而且还可学到老师分析问题、解决问题的方法，并能通过课堂练习，使所学知识得到巩固。可以说，课堂听讲效率的高低，直接影响到大家学习成绩的优劣。

（3）课堂听讲可以磨炼意志，培养良好的学习习惯。搞好课堂认真听讲，注意力必须持久集中，脑功能必须持久启动。如果因为某件不悦之事有所分心，或因休息不充分有所困倦，注意力就会分散，脑功能就会受到影响，从而降低学习效率。要提高课堂听讲的效率，就必须时时注意磨炼意志，用坚韧不拔的毅力去战胜惰性。

那么，大家怎样才能提高对听讲的认识呢？

1. 要认识到听讲的重要性

课堂教学是老师传授知识、解难释疑、培养能力的主要阵地，同时也是同学们获取正确信息、匡正错误、提高能力的主要渠道。离开这个主要渠道谈学习，则无异于缘木求鱼。老师在课堂上的分析讲解、启发点拨，不管是内容的连续性、生动性，还是方法的系统性、灵活性，都比课后老师或家长的辅导要详细得多，更是同学们自己看书学习远远不能比拟的。因此，听讲在同学们的学习活动中具有不可替代的重要作用。只有首先认识到这一点，才有可能从思想上端正态度，从而积极认真地去听课。

2. 要认识到听课的长期性

小学6年，中学6年，同学们至少要听14400多节课。大家到学校学习的目的就是接受思想教育、学习各科知识、锻炼各种能力，因此要有耐心听好每一节课，不能因为自己对这门课兴趣不大或者对老师不是很满意而随随便便地听，更不能抱着"反正一学期的课那么多，一两节课漏掉了也没什么"的想法而随意地在课堂上开小差，注意力分散。

课堂学习的整个过程就像盖一座楼房，组成整体的任何一块砖瓦在构成整体的完整性上都是不可或缺的，少了任何一个部分，整体最终都无法建构起来，或者说是不稳固的。也许恰恰就是你在课堂上忽视的那一两个知识点，导致了对后面章节内容学习的困难，这在学习数学、物理、化学、生物等学科上显得尤为明显。

3. 要认识到课堂知识的浓缩性

从学习学科知识的角度讲，同学们上课的主要任务是在老师的引导下继承人类的宝贵知识财富，并在这个过程中锻炼观察能力、动手能力、听说能力、思维能力、综合分析能力、运用知识解决实际问题的能力等。老师传授的知识，一般都是人类长期实践总结的产物，是人类智慧的结晶。老师讲一节课的内容，可能是一代或几代科学家研究的成果，前后的跨度非常大，每一个信息点往往都是浓缩了的精华，其中包含着老师对一系列问题的概括与提炼。因此，

只有抓住课堂上的每一分钟，集中注意力听好老师每一分钟的讲课，才能提高学习效率，在有限的时间里获得最大的收获。

从老师来看，一个受过专门师范教育的老师，每一堂课也浓缩了教师的"人生精华"。可以说，在老师的指导下，同学们走的是一条最近最直的道路。抓住了课堂学习，学习效率就能成倍提高。

许多同学错误地认为，老师依照课本传授知识，讲的内容都在课本里，听不听都无所谓，只要下课再看看书就行了。其实，任何一个老师讲课时都不会照本宣科，一堂课只有 45 分钟，但要把几十年、几百年、几千年积累下来的知识教给学生，并不是一件容易的事情。老师花了许多精力、时间来备课，就是要用最精练、最通俗的语言，快速地把大家引入门。

一个同学如果不会听课或听课效率不高，那么学习可能会事倍功半或徒劳无功，即使在课下花数倍于课堂的时间，也不一定能弥补课堂上的损失；相反，如果抓住了宝贵的课堂时间，集中精力听好了课，那么学习起来就会比前面的那类同学轻松许多，既掌握了老师讲授的知识，又节省了学习时间，可以说是一举两得。

短短的 45 分钟，却是老师长期学习和实践的结晶，甚至凝聚着历代老师的心血乃至生命。因此，大家应该从提高生命含金量的高度来认识每堂课，听好每堂课。

调整好自身心理状态

俗话说"良好的开端是事情成功的一半"，而对于一名刚刚接手一个班级的新班主任来说，如何迈好这关键的第一步是至关重要的。初次做班主任，应该先从调整好自己的心理状态入手，需要具备清醒的自我认识。同时，也要把握好班主任这项工作的基本要求和规律，明确工作计划并认真落实，树立好自己的自信和威信，注意宽严的尺寸。只有这样，才能使我们的教育落到实处。

迈好第一步是关键

小王师范大学毕业后从事教学工作，第一年就做了任教学校高一（1）班的班主任。在上任前夕，他曾这样吐露心迹：

很快就要做班主任了，心里确实比较紧张。尽管在做这天下最小的"主任"领导之前，已经对这个工作设想了很多次，在心里已预演了无数遍，但是真的要做了，心里还是没有底。不知道究竟要做些什么，不知道如何使自己美好的愿望变成现实。学生还没有来的时候，盼望学生早点来；学生来了，所有的事情又毫无头绪。怎么办？

向老教师请教吗？资深的老班主任，虽然没有笑你幼稚，却安慰你说，不要急嘛，反正就是那么一回事。至于究竟是哪一回事，嘿嘿，靠你自己领会了。与其说这是一种安慰，还不如说是一种揶揄。没有办法了，就只有找本书来看看了，最好是班主任工作方面的。可是辛辛苦苦查找了一个晚上的书，净是些大道理，没有具体操作实例，我的心里真是忐忑不安啊……

不要以为这只是"个案"，其实大部分教师在初次担任班主任时，或多或少都有诸如案例中小王老师这样的心态，无可厚非这当然也是一种正常的心态。

没有谁天生就会当班主任，经验是靠日复一日、年复一年积累起来的。俗话说，"万事开头难，走好第一步是很关键的。"综合许多优秀班主任的成功经验，我们认为，初次做班主任，工作没有头绪时，应先把一些常规工作做好。常规之所以成为常规，就在于新任班主任按照它操作之后，班级工作能够很快走上正轨。下面几个常规工作思路可以给班主任们一些启示。

1. 一日工作常规

班主任每天应按学生到校时间提前到校，并按学生一日常规严格管理和训练，晨读、课间操、体育活动等环节，班主任必须参加。对新交接的班级，班主任还要"跟班"，尤其要加强课间、自习课等环节的巡视，逐步培养良好班风。

下面是一些优秀班主任在工作中积累起来的关于学生日常学习、生活的一日常规，新班主任可以参照制定自己班级的一日常规，然后交给学生执行。在学生执行的过程中，班主任只负责引导和监督就可以了。这些一日常规，对于培养学生积极向上的人格很有帮助，可以协调学生与周围环境的关系，创建一个好的发展空间。

①每天起来，让自己的脸上充满阳光般灿烂的笑容，然后用自信的语气对自己说一声："今天又是一个很好的开始!"让自信与喜悦充溢自己的心灵。

②搞好个人卫生，把自己的床上用品和洗漱用品摆放整齐。不管是男生还是女生，梳理一下自己的头发（有头部保健功能），给自己梳一个积极向上的发型。

③做一个积极处世的人，主动跟遇见的第一个人打招呼，不管认识不认识，问候一声"早上好"，把你的喜悦和快乐传递给别人。

④帮助父母做一次家务劳动，比如把早餐端到餐桌上，给每一个家庭成员盛一次早饭。

⑤选择一个晨练项目，跑步、做操、打球或者步行上班都可以，注意至少锻炼15分钟。

⑥告诉长辈"我爱你们"，或者给他们送一句祝福的话。

⑦给自己拟订一天的计划，按照步骤执行，并在心里或纸上列好清单，清理好自己一天要带的书籍和作业本。

⑧入校的时候，主动向老师和同学问好，并虚心接受各种检查。

⑨高效地利用时间，在规定的时间内完成工作任务。如果不能够按时完成，做一次自省。

⑩阅读一张报纸，或者阅读一篇课外文章。

⑪虚心配合各种管理人员，以积极的态度做好自己分内之事。出操迅速，劳动积极，活动投人。

⑫每天抽时间开心地笑一次，并把它当作必做的心理调整作业完成。

⑬检查一下自己的生物钟是否紊乱，如果打乱了自己的生物钟，想办法尽快调整恢复好。

⑭开展自我竞赛，不断超越自己，增强效率感。晚上统计一下自己一天说了多少闲话，做了多少闲事，费了多少时间，制定出明天的改正措施。

⑮每天要求值日班长在黑板左侧写一条新的格言。

⑯主动为集体做一件事情，包括清理班级卫生、整理公共用品。

⑰回家的时候，对父母或者其他的家庭成员问候一声"辛苦了"，或者用其他方式表达你对他们的感谢。

⑱认真写一篇日记，把自己最真诚的感觉记录下来。

2．周工作常规

每周一班主任按时认真组织本班学生参加学校的升旗仪式，落实好值周、值日班长，指导专人填写好班务日志，围绕一个中心开好班会。具体内容有：

①组织学生积极参加周一的升旗仪式，按照要求统一着装。轮到自己班上值周时，安排好值周工作人员，团支部书记（或者少先队大队长）负责组织人员写好国旗献词，具体落实到朗诵人、护旗手身上去。

②清查学校班级评估情况，研究具体改进措施，发扬长处，克服缺点。

③开展好班委会和团（队）委会，单周班委会由班长主持，双周团（队）委会由团支书（少先队中、大队长）主持，班团（队）会议主要研究班级管理和政治思想工作，民主讨论班规执行和修订情况。

④搞好班级文艺活动，由文娱部长每周一提交方案，确定组织人员，上好每周的班团活动课。

⑤座位每周更换一次，时间由值日班长确定，并负责组织，更

换座位时间不要超过5分钟。

⑥给学生推荐一本好书，要求他们本周内读完。

⑦要求每个学生每周做一件有意义的事情，组织同学交流心得体会。

⑧每周学习一支新歌，由文娱部长负责主持、安排。

⑨搞好本周大扫除竞赛活动，仔细检查，认真评估，给予优胜者以适当表扬。

⑩做好一周班级日志，在周末放学前，由同学评选出一周进步最大的同学、表现最优秀的同学和最受欢迎的同学，给予口头表扬。同时评选出违反纪律最严重的同学、闲话最多的同学、最不受人尊敬的同学，要求他们限时改正。

⑪开展好一周班级主题活动。

⑫每周轮流出好一期班报、一期黑板报。

⑬值周班长写好本周总结，周末由全班同学讨论通过，记入班级日志。

3. 月工作常规

班主任月工作常规要有一个较为明确的计划，注意要把日常工作和长期目标联系起来，灵活地把握。一般说来，下面几个方面值得注意一下：

①按时出席每月一次的班主任工作汇报会，汇报内容事先由全班同学讨论通过，由常务班长负责整理，报学校备案。

②召开一次"领导班子"会议，召集班委和团（队）委成员参加，研究部署好一个月的主要工作指标。

③制定好本月的班主任工作计划和班级管理工作计划，前者由班主任自己确定，后者由班委确定实施。计划要有可操作性。

④组织一次学生自我测试，测试内容由学生自己确定，采取互相出题、互相检测的方式进行。

⑤月末进行一次班级物品损耗检查，检查各种用品是否完好。损坏的是否按照班规赔偿、修理到位。

⑥每月由常务班长对照班主任的工作计划和班级管理工作计划，总结任务完成情况。

4. 学期工作常规

班主任在开学初要制定好班级工作计划，期中要做好反馈小结，期末要做好工作总结。一般而言，班级学期工作常规主要有：

①组织落实好开学工作，最好事先做好详尽的开学班级工作方案。班主任最累的是开学和期末两个阶段，要把重要的事情列成清单，做完了一项就注销一项。

②开好1~2次任课教师联系会，把学生意见及时反馈给教师，把教师要求落实到学生身上去。

③开好1~2次家长会议，做好半数以上学生的家访工作。

④学期初清点好班级财产，期末做好班级公共财产损耗情况清理工作，如果要更换教室或者用品，与学校有关人员做好移交和交接手续。

⑤召开两次学习方法交流会，提供科学学习方法的借鉴，增强学习兴趣，激发学习热情，提高学习效率。

⑥组织学生搞一次心理健康知识讲座课，帮助有心理障碍的同学顺利度过困难时期。

⑦对学生作业情况进行一次量化检查。

⑧记录好学生让你感动的时刻，以备评语使用。不要等到期末了才给学生打评语，那样既不全面也很不公平，而且过于仓促。

⑨组织学生写好学期自我鉴定和总结，将《学生手册》所列的成绩和班主任的鉴定交与家长过目，并由家长签字，开学时上交班主任。

⑩帮助学生制定好假期学习计划，按照学校统一要求，对学生进行必要的安全健康教育。

⑪做好在校期间的卫生保健工作，预防常见传染病和群体性疾病。

⑫做好年度操行评比工作，评选出优秀班干部、三好学生、各

种积极分子。进步快的学生，给予适当表扬。

除了上面介绍的这些内容，下面几个注意事项也值得记取：

（1）如果有可能，最好把自己班级日常工作量化处理，及时"结案"。

（2）计划对于做好任何一件事情都是有必要的，列一张清单，思路就会很清晰。

（3）不要迷信任何一种方案，任何一个成功的班主任都只能借鉴学习，不能模仿，最适合的还是自己在工作中摸索出来的工作方案。

总之，路是人走出来的，对任何一个新班主任来说，只要脚踏实地，一步一个脚印地去做，就一定能找到一条最好的"班主任之路"。

做好工作计划并认真落实

俗话说："凡事预则立，不预则废。"担任了班主任，那就要做出计划，将班主任工作的近期目标和远期目标做一个详细的计划，每天参照它开展工作，提醒自己的日常事件安排。这样工作起来会从容一些，不至于显得茫然无绪。

1. 在制定计划之前，第一步得了解学生的现状

（1）依据现实年级确定计划目标。小学、初中、高中各个学年段的学习目标有很大的差异，同时在各学段的不同年级，学生的学习目标也是不同的，班主任工作目标要围绕学生的学习目标和成长规律来制订。各种班级活动要围绕学生的学习能力、知识积累情况、学生不同年龄段的生活兴趣来开展，如果所开展的活动过于超越学生的年级，学生可能觉得太难而失去兴趣，难以达成预期目标；如果低于学生的实际年龄段，学生可能觉得活动没意思，也达不到预期效果。比如，小学阶段开展学雷锋活动时上街扫扫地，搀老人过街等等活动是可以的，但到了中学阶段这种形式化的教育就没有效果了。它应该有更为深刻的内涵和更为有意义的活动，比如让学生凭借自己的个人能力救助需要救助的弱势群体，通过这样的活动来培养学生应有的社会责任感等等。

（2）明白学生的现实状况。尽管在同一年龄阶段，学生的基本情况是比较一致的，比如知识积累程度、智力发展水平、生活经验的积累、动手动脑的能力以及业余兴趣等等。但是，"天下没有两片完全相同的树叶"，更何况是个性各异，正在成长发展中的学生和班级呢？所以，作为班主任，认真了解自己所接手班级的学生的现实状况是十分必要的。

首先要了解学生的现实身份，包括学生的姓名、性别、家庭结构及经济状况、是否是留守学生等等。

其次要了解学生的现实教育，包括学生的学习成绩如何，是否偏科，有无特长；家庭教育如何，家长是否有赌博乃至犯罪等恶习；生活的社区文化如何等等。

再次要了解班级的现实状态，包括接手前班级的学习、纪律状况，各学科教师的教育教学情况，原班主任的工作情况，自己接手本班的原因，学生对自己接班的情绪和态度以及未来期待等等。

（3）了解学生的现实目标。学生在不同的学习阶段，学习目标是不一样的。一般来讲，小学的学习目标充满理想色彩，要浪漫一些；中学尤其是高中阶段，学习目标要现实一些，沉重一些。而在各个阶段的不同年级，学生的学习目标是不一样的，对教师尤其是班主任的期待和要求也不一样。就高中而言，在高中一年级，学生由于刚刚进入高中，有一个熟悉学校环境，适应高中的学习内容和教学方式，重建人际关系以及对高考的初步了解阶段。学生对班级生活的丰富性有着强烈的要求，但到了高三年级，学生的目标则非常现实而且比较单一，那就是高考，一切都要围绕高考这个主题来开展。同时，每个班级在更换班主任时都是有原因的，不同的原因。学生对老师的期望不一样，学生特别是一些调皮的学生，在新班主任到来以后，学生都希望有一个新的起点，有一个新的目标，班主任应该了解这一点，即班级学生在新班主任到来后，最希望的变化是什么，班主任应据此及时调整和制订班级目标，以期达到最佳的教育效果。

（4）知晓学生的现实能力。了解学生的现实能力也是做好班主任计划的重要前提，因为无论我们制订什么样的工作计划，最终都要靠学生去完成。而学生完成任务的好坏主要取决于学生的行为能力和做事态度，态度可以在行为过程中调整，但行为能力则很难跨越。所以，如实了解学生的现实能力，据此做出班级管理的计划是非常关键的。一般来讲，我们应该了解学生几种主要能力：

①理解能力。班级学生的现实理解能力决定着班主任工作的基本方式，一般来讲，低年级的学生理解能力不强，班主任工作以简练直白为主，各种活动的预期目标要单一，教育内涵不要太深，一般以养成学生学习、生活等习惯为主；高年级的学生思考能力、理解能力相对较强，班主任工作要注意内涵和深度，特别要讲究工作 方法和语言表达的准确和委婉，否则容易造成误解，一般来说，高年级的学生一般以加强认识、提升思想为主。

②记忆能力。学生的记忆能力有很大的差别，而且记忆的方式也不一样。一般来说，低年级学生以形象记忆为主，班级管理中尽量呈现生动形象性的东西，活动中（比如主持人的台词）不能要求学生记忆太冗长、太抽象的东西。高年级的学生抽象记忆能力要好一些，班级管理活动中就可以进行抽象性表达而不需要刻意形象化。

③语言表达能力。了解学生的语言表达能力，一方面有利于我们在开展班主任工作时有效利用这种能力，比如班干部的选拔任用和分工、班会活动的主持、学校各种演讲比赛、大小会议发言、辩论赛等等；另一方面也有利于我们在工作中有针对性的培养学生的这种能力，毕竟培养学生能力才是教育的主要目的。

④动手能力。对动手能力的了解，有利于我们有效地开展班级活动。一般来讲，农村的学生野外动手能力稍强，而城镇的学生室内动手能力要好一些。仔细了解学生的动手能力：哪些学生善于制作标本，哪些学生会制作模型，哪些学生善于办墙报，哪些学生可

21

以摄影，哪些学生善于布置环境，哪些学生能修理电脑等等。熟悉学生的动手能力，在班主任工作中就能合理安排学生，使他们各展其能。同时，了解学生的动手能力，也是我们制订班级活动计划的基础，我们的任何活动方案的最终执行都是要靠学生来完成的，如果我们规划的活动超越了学生的动手能力，一般是很难如期完成的。

⑤自我调控能力。学生的自我管理和自我调控能力是制订班级管理基本方案的基础，不同的学生自我调控能力可以采用不同的管理方式。如果班级整体自我调控能力较高（比如重点高中的快班），班级学生管理则可以以学生自主管理为主，但如果班级整体自我调控能力比较低，则班主任要在管理中发挥更多的引导和监督作用。

⑥组织能力。学生的组织能力跟年龄有关，一般年龄越大组织能力相对越强，同时，组织能力也与学生的个性有关，许多学生自小就是孩子王，点子多，有号召力，组织活动的能力强，这样的学生对于班级管理，尤其是班级活动特别有帮助。认真了解班级学生的组织能力状况，尽可能地让学生在自身能力许可的基础上自行组织活动，也是班主任达到"无为管理"境界的"有为"前提。

（5）学校的现实条件。任何班主任工作都要基于学校所提供的现实条件，包括任课教师、教育教学设备、活动场地等等。这些都是我们作好班主任工作的必备的物质前提，在清楚了解学校的物质条件的同时，还要了解学校的文化传统，因为校园文化是通过多年积淀而形成的一种校园物质和精神的总和。一般来讲，班主任工作应遵循学校的文化，尤其是优秀的文化传统，当然，不是说我们不鼓励创新，而是说创新应该在原有文化的土壤中生根发芽，而不是创建空中楼阁。同时要提醒的是，传统的力量是异常强大的，任何企图抛弃传统或者凌驾传统的做法都将举步维艰。

2. 要善于规划成长蓝图

常言道"与可画竹时，胸中有成竹"，做班主任工作计划也是一样。在接受一个班级以后，首先了解班级学生的现实情况，并在此基础上为班级的成长设计未来蓝图。

（1）规划达成的远景目标。接手一个班级以后，首先应根据班级的现实情况确立班级目标，也就是说通过自己几年的工作，打算把班级建设成为一个什么样的班级，把学生培养成为什么样的学生。关于目标的确立，很多理论都认为应先确立班级目标，再把班级目标分解为个体目标，这种方法不太合适。相反，确立班级目标应该让学生首先确立个人目标，然后为了实现这一个人目标来确立班级整体目标。比如，刚接手一个高中二年级的慢班，学生的成绩很差，高考上重点无望，这个时候我们就应该首先帮助确立学生的个体目标，如有的学生可以考艺术类学校，有的可以考体育类专业，有的可以学一点职业技术。基于这样的个体目标，我们的班级管理和高中二年级快班就应该不一样，这样的班级应该尽可能提供一个宽松的环境让学生发展特长，同时兼顾基础知识的学习。班主任应特别关注学生的学习特长，帮助他们找专业辅导老师，关心艺术类考试的报考时间及报考技巧等等。这样的班级管理用整齐划一的纪律约束也是不行的，上课了，可能有的学生在练声，有的学生在跑步，有的学生在画画，总之，只要学生在为自己的成长不断努力就行了。当然，如果是一个高二快班，情况就完全不一样，快班的学生一般都有自己明确的奋斗目标——心仪的大学。学生的学习自觉性和主动性较强，班主任应尽量搞好后勤服务工作，创建一个好的学习氛围，让学生在严谨的作息时间和紧张的学习氛围中你追我赶，努力学习，力争考上理想的大学。

说到班级目标，多少都带有一点理想化色彩，但要注意适度，过于理想化往往是不合适的。在确立班级目标时，应首先确立当前急需要解决的问题，然后逐一推进，最终达成一个比较理想的目标。

（2）规划成长的过程措施。古人云："不积跬步，无以至千里；不积小流，无以成江海。"班级最终目标的达成不能一蹴而就，而是需要我们将其划分为若干个阶段，逐步完成。在这一过程的规划中我们可以根据班级学生的实际情况，依据轻重缓急和成长发展规律来分阶段实施，逐步推进。

在规划成长过程中，一般我们要考虑学生的成长发展规律以及学生的管理规律。学生的成长发展规律决定了我们班级管理过程的逻辑顺序，所以，班级管理的最终逻辑还是来自于学生的身心成长规律，这一点不难理解。

关于班级学生成长过程的规划，一般而言包括几个大的步骤：

第一步：我是谁。通过这一过程让学生自我推介，把自己融入到班集体。

第二步：你是谁。通过这一过程让学生了解别人，把别人纳入自己的视野。

第三步：我们是谁。通过这一过程让学生建立一种集体概念，认可自己所在的集体并将自身视为集体的一部分。

第四步：我们做什么。通过这一过程让学生明确自己的目标、集体的目标，并将二者整合起来。

第五步：我们怎么做。通过这一过程让学生明确行动过程，懂得集体教育的力量以及自己的行动规范。

第六步：如何坚持。班级成长是一个漫长的过程，这一过程中学生难免松懈，如何解决持续发展的动力问题是这一过程的目标。同时，在这一过程中会出现诸多的问题，我们如何及时调整和解决。

第七步：我们的明天。这是一种未来教育，学生不仅要适应这个班的生活，他们还要升入高一级学校继续深造，还要适应社会。所以，学生的未来教育非常关键，而且要贯穿于整个教育的全过程。未来教育包括理想教育、信念教育、世界观教育、事业教育、家庭教育、生命教育、性教育、幸福教育等等。

当然，根据所带班级的不同，班级的成长过程是绝对不一样的，关键在于班主任如何去把握，如何去设计。

（3）规划过程的行动方案。班级的成长绝不是靠班主任理想的蓝图和空洞的说教就能完成的，它靠的是行动。班级的健康成长是在师生共同的行动中来完成的，这些行动不是盲目的，而是有计划、有目标的教育性行动。如何有效的实现预期的班级成长目标，班主任必须策划一系列的班级活动，通过活动来达到目标。

一般而言，在策划行动中我们要考虑班级学生的实际情况，行动必须是学生在现实条件和能力的基础上能够完成的，同时，行动必须由学生去参与，并富有教育性。每一个班级成长过程都是由若干教育行动来支撑的。而这一系列的行动方案班主任必须策划好，做到心中有数。在行动的策划中既要考虑本班的需要，还要结合学校的整体要求，还要考虑社会许可以及学生本人的意愿，忽视任何一方，行动可能就会受阻。

班级的活动方案是以成长目标和规划以及条件为基础来制定的，每一项活动都是为了达成计划中的某一目标。当然，很多目标不是通过一两次活动就能完成的，很多活动也不一定只为一个目标。在活动的制定中既要结合传统的时间性活动形式，比如三月学雷锋活动、四月的清明扫墓活动、五一劳动节、母亲节、六一儿童节等等，但要注重创新，结合学生的年龄特点，开展一些学生喜欢的活动，在活动中注意以学生为活动主体，活动的教育性要"润物细无声"。

班主任工作计划是学校教学育人工作的一个重要方面。为了完成好班主任工作任务，各班主任必须在学年或学期初，以党的教育方针、学校总计划为依据，结合本班的具体情况，制定好班主任工作计划。班主任工作是教育人的工作，要注意对学生情况作具体分析，然后才能明确任务，制定措施。切不可盲目照搬。

下面是一个班主任的工作计划，我们可以参照一下。

工作计划

（一）开学准备工作

1. 布置教室，在黑板上写出"欢迎回校"四个大字。

2. 打扫教室，包括地面的清洁及窗台的清洗。

3. 检查作业，共有十种类型的作业。

4. 发书，发本。

5. 读文章《生存教育在美国》，让学生明确回到学校的意义。

（二）班主任工作的分类

第一类：每天必做的事情

1. 值日生日记、值日生档案、班级日记。

2. 每日一句格言，按学号写。

3. 中午休息的安排，课前一支歌。

4. 自习课的管理，要培养学生自觉上自习的习惯。

5. 放学以前的工作小结，布置作业。

6. 检查学生的行为规范，由学生自己完成。

7. 值日生小结，总结当天值日情况，提出问题和改进措施。

第二类：每周必做的事情

1. 小组评比，每周评出一个先进小组。

2. 每周一次英语单词听写或语文生字词听写。

3. 每周批改一次日记，学生每周写三篇。

4. 由班干部组织主题班会，利用班会渗透素质教育。

5. 欣赏美文，由每组每周轮流推荐一篇美文全班欣赏并布置命题日记。

6. 周五放学以前唱班歌《相亲相爱》。

7. 争取全校每周的流动红旗。

第三类：每月必做的事情

1. 统计月考的成绩，奖励进步的学生。

2. 统计一个月来作业全交齐的学生名单。

3. 在日历上圈出学生的生日，给每个过生日的学生唱《生日歌》，送一份小礼物。

4. 给班干部提建议，同时请学生给班主任提意见。

5. 树立永争第一的信心，积极参加学校的各种活动。

（三）班主任工作思路

1. 以人为本，教育学生成为正直、善良、智慧、健康的人。

2. 营造一个温馨、和谐、自然的学习环境，让学生到了班里就像回到了家里一样。

3. 教学生学会生存，学会与人相处，学会爱和付出。

4. 利用各种活动增强班级的凝聚力，让每一个学生都为班级而自豪。

5. 关爱每一个学生，走进每一个学生的心里，成为学生的真正意义上的朋友，为学生排忧解难，树立信心。

6. 上好每一节课，认真抓好课堂纪律，让班级永远充满活力，积极、向上，永争第一！

最后，别忘了计划要在实施的过程中调整。

工作计划，还要根据具体情况进行修改更正，以适应正在改变的现状。一个具有前瞻性的班主任更应该在动手做一件事之前，就把这件事能够成功的原因尽可能都考虑到，然后再设计出有助于成功的方案。一个优秀的班主任要善于在没有竞争或竞争很少的时候，赶在别人之前发现机遇，同时对困难与挑战也要充分考虑。

在开始的时候就应想到结束，因此，一个优秀的班主任从接班起，就要有明确的长远目标。首先应该将主要任务列出清单，再为每项任务确定一至两个长远目标。在运行过程中，凡是有利于这些任务的事情就要坚持做下去，遇到不利的事情就应当马上停下来。

一个优秀的班主任要善于把最重要的事情放在第一位。工作中一旦出现比最初的计划与目标更为重要的事情，应当马上进行调整，始终把握好什么是第一位的事。

千万不要忘了，你的计划永远要为实现你的教育理想这一大目标服务。

解放班主任

我们先看两个案例。

案例一：

"尊敬的校长：鉴于本人工作能力有限，工作经验不足，对班主

27

任工作不熟悉，而且最近本人身体不适，需要休息静养，因此很难担任下学期的班主任工作。希望领导能够考虑实际情况，安排其他有能力的同志担任这个工作。谢谢！"

这是在一个学期结束、学校安排下一学期工作时，一位年轻老师给校长的一封信。经调查，这位年轻老师上学期担任一个班级的班主任，因为在学期结束的评比中遇到了不公平的待遇，一气之下就给校长写了条子。校长的回答是："××老师，经过一年来的工作，可以看出你的能力，相信你能够把这个工作做得更好，希望你能够继续担任下学期的班主任工作！"经过多方面的劝导，这位老师重新回到了班主任工作岗位，但是思想问题并没有解决，也为后面的工作埋下了祸根。由于这位老师本来就不愿意做班主任，一个学年下来，原本很好的一个班级，竟然变成了年级里最差的，其根源就在于这位老师对做班主任有一种抵触情绪。

案例二：

《中国青年报》曾经刊登过一篇文章，其中有这样的一段话："当班主任太累了，我最大的愿望就是下学期不再当班主任了！只要不做班主任，叫我干什么都行！"这是一位老师写下的一句话。"比劳累更可怕的是，很多老师觉得做这样琐碎的工作没有成就感，我觉得自己就像是管家婆，根本谈不上创造性，没意思！"这是另一位教师评价班主任工作的话。

上述案例很有启示意义。确实，当教师累，当班主任更累。许多教师宁愿多上些课，也不肯当班主任，这使不少学校领导头疼。如果我们仔细观察分析目前班主任工作的状况，就会发现，教师们不愿当班主任，并不一定是怕累——对于一个有事业心的人来说，只要有兴趣、有价值，工作再累也不会觉得苦。问题在于，由于学校领导在管理使用与评价等方面的不科学，加之班主任自身工作方法的陈旧落后，造成了目前不少班主任的低效劳动甚至是无效劳动，使班主任们累得冤枉！为了让班主任在思想上、行动上能轻装上阵，切实成为"灵魂工程师"，把整个学校的班主任工作提高到一个科学的层次，我们就应该解放班主任！

"解放班主任"的途径主要有二：学校领导对班主任的科学使用与科学评价；班主任在思想上、行动上的"自我解放"。

首先，学校领导对班主任应进行科学使用与科学评价。

科学使用班主任，就是要科学地划定班主任的权力与责任以及与之相关的工作内容。现在的普遍情况是，班主任工作"严重超载"：既要管学生，又要管家长，还要管科任老师；既要管学生校内纪律，又要管学生校外表现，还要管学生家庭教育；除了班级纪律管理、思想教育，还要具体督促检查甚至辅导学生各学科学习……真所谓"班主任工作是个筐，什么内容都要往里装"。班主任的责任似乎无限大，因为他什么都要管而且必须管好；同时班主任的权力似乎又无限小，因为无论是谁都可随时给班主任下达任务，是一个忙忙碌碌的办事员。如此穷于应付，疲于奔命，班主任哪有精力去"塑造灵魂"？因此，"解放"班主任的首要条件是科学划定班主任的权力与责任。我们认为，班主任最基本、最主要的任务就是学生思想教育和班级常规管理，他的权力与责任也只在这个范围之内。至于学校工作的其他方面，班主任只是协助而已；若凡是与学生有关的事都把班主任推到第一线，那么试问：学校非班主任人员的教书育人、管理育人、工作育人、服务育人又从何谈起呢？

科学评价班主任工作，也是"解放"班主任的关键，现在对班主任的片面评价主要表现在三个方面：一是简单而庸俗的"量化"，计划、总结的份数，纪律、卫生的分数，做好人好事的次数，上交学校广播稿、壁报稿的篇数等等。姑且不论如此"量化"是否真能反映出一位班主任的成绩，单是这种形式便使班主任有做不完的统计、填不完的表格、挣不完的分数，忙于种种检查评比而不得不把科学细致的思想工作置之一边。二是"以智论德"，不管班主任平时做了多么深入扎实的学生思想工作，不管这些工作带来了多么良好的班风，只要毕业考试成绩不理想，尽管其原因是多方面的，但往往一律归咎于班主任。三是提倡并鼓励班主任当"保姆"，越是陪着学生自习，守着学生做操，盯着学生扫地的班主任，得到的评价就越高，而那些培养学生自育自治能力，放手让学生自我管理的班主任，往往被视为"不负责"、"不深入学生"……如此评价班主任，班主任的手脚怎么会不被束缚？我们不反对科学量化，但班主任工作的效果并不是都能量化的；学生成绩当然反映了班主任工作的一个重要方面，但毕竟只是一个方面而非全部；班主任事必躬亲的精神固然可敬，但"垂拱而治"、"不战而屈人之兵"的管理方式更为合理科学。因此，只有使班主任工作得到全面科学公正的评价，班主任们才可能从沉重的体力负担与心理负荷中解脱出来。

其次，班主任在思想上、行动上应"自我解放"。

"解放"班主任，不仅仅是学校领导的事。对于每一位班主任来说，更应主动在思想上、行动上"自我解放"。思想上的"自我解放"，就是要勇于更新教育观念；行动上的"自我解放"，就是应善于改革教育方法。

更新教育观念，要求班主任用教育科学理论武装自己的头脑，明确自己的使命是塑造灵魂，而非管制学生；自己的身份是学生思想的引路人，而非学生集体的独裁者。在此基础上，班主任的思想观念应实现三个转变。

一是变事务应付为教育科研。班主任随时以科研的态度来对待自己的每一项工作，把自己所带的班级当作自己的教育科研基地。要根据实际情况善于提出科研课题，并紧紧围绕课题去思考与实践，减少各种事务对自己的干扰。这样班主任会觉得每一天的工作都会有新的发现、新的收获，因而同样紧张的工作却变得有兴趣、有意义了。

二是变个人权威为集体意志。一些班主任之所以感到太累，原因之一是他们过分注重自己的个人权威，对班上的事什么都不放心，非自己亲自过问不可。然而，由于集体意志并未形成，班主任的努力往往收效不大，这自然使他们感到力不从心、精神疲惫。一个班当然离不开班主任的个人权威，但这种个人权威应该通过健康舆论、班级法规转变为集体的意志，使班级由"我的（班主任个人）"变为"我们的（学生集体）"，这样，班级凝聚力才会形成，班主任的工作才能事半功倍。

三是变孤军奋战为师生合作。这是教师个人权威转变为学生集体意志后的必然结果。孤军奋战的苦与累，想必每一位班主任都体会过，但未必每一位班主任都能醒悟——这种"苦与累"是自己的错误观念造成的！既然认为这个班只是班主任个人的，既然不相信学生的自我管理能力，那么，凡事当然就只有靠班主任一人支撑了。其实，班主任完全应该也可以把一个班级的重担让几十个学生分担的。不要老是认为学生自觉性差，能力不强。实际上，学生源于教师对自己的信任而产生的自觉性是不可忽视的，学生潜在的组织能力、管理能力更是不可低估的。因此，所谓"培养学生的自觉性与能力"，首先就是班主任为学生提供自我教育与管理的机会，而不是"手把手地教"。当每一个学生都以主人的姿态与班主任协力建设班集体时，班主任还会感到累吗？

改革教育方法，目的在于使班主任摆脱繁杂事务的缠绕。这可以从两个方面入手：大胆放手民主管理。班主任的基本任务是学生思想教育与班级常规管理，因此，班主任大可不必面面俱到，越俎代庖。要分清哪些工作是自己义不容辞的事，哪些则仅仅需要自己当参谋、出主意，明确之后，该减则减，该丢则丢。若班主任一人兼任文娱委员、体操教练、生活保姆、教导主任……则往往心力交瘁，事倍功半甚至得不偿失。班主任工作一旦"减肥消肿"，班主任的精力会更集中，其工作目标更明确，工作效率也会明显提高。另外，即使对属于班主任分内之责的班级常规管理及各种事务，班主任也不应该一手包办，而应放手让学生学会自己管理班级，处理班级事务。所谓"民主管理"，决不仅仅是依靠几个班干部，而是要引

31

导学生制定出班级规范，以制度的形式来保证每一位学生都有参与班级管理的权利与义务，同时每一个人（包括班主任）都受到班集体的监督，一句话，变以"人"（班主任）治班为以"法"（班级规范）治班，使学生真正成为集体的主人。这样，班主任自然便从繁重的事务性劳动中解放了出来。

"解放班主任"的意义，在于使班主任由体力型的勤杂工成为科研型的教育者。因此，班主任获得"解放"之后，肩上的责任不是更轻了，而是更重了。但与以前不同的是，班主任真正还原成了"人类灵魂工程师"，他可以有充裕的时间找学生谈心，深入学生心灵，研究学生思想，把学生思想工作做得更细更好；他可以有充沛的精力结合一个班的教育实践，思考、探索教育改革，进行教育实验；他可以看书学习，进修提高，不断吸取新知识，充实自己；也可以撰写论文甚至著书立说，为中国教育的现代化作出自己的理论贡献……总之，只有解放班主任，班主任才能"轻装上阵"，更好地承担起教书育人的重任。

"关心"不能超过必要的限度

有这样一个真实的案例：

安徽的一位老师为了学生忽略了自己的家人，致使妻子一气之下离家出走，儿子的学习也每况愈下，期中考试八门功课中有六门不及格，就是在儿子生病时，他也没能及时陪在儿子身边……就是这样一位几乎把全部精力都投在教育教学工作中的老师，却在一年一度的学生评教中遇上了"红灯"，只获得了73分，这是所有参评教师中的最低分。

没有人不渴望被人认同和理解，但是，很多时候也有好心不被理解的苦恼，正如案例中的教师。

理解是十分重要的，老师们切不可对此掉以轻心，不妨遵循以下几个原则，来达到与学生间的互通有无。

1. 了解学生的需求，关心以"恰到好处"为原则

理解人，就是理解人的需要、愿望、价值追求等人的本质属性；理解人，也是理解人与人之间的意义关联。人与人的理解是个体道德提升的基础。有这样一个事例：一位手臂骨折的男孩吊着绷带来上课了，班主任为了表示对他的关爱，给全班同学分配了"关心"的任务。一下课，同学们蜂拥而至，热情主动地帮他做这做那，可是第二天这位学生不愿来上学了，他的妈妈来校告知：同学们一下课都围着他，他感觉自己像是"外星人"……由于班主任与受助者间缺乏"沟通"，没能体谅其心境，却把"帮助"强加于他，造成"助人"不成反而"伤了人"的后果。教育实践中的许多事例表明：不恰当的关爱，往往会损伤学生的自尊心。这正应验了陶行知先生在《敲碎儿童的地狱，创造儿童的乐园》中提到的我们要这样为儿童除苦造福的理论："第一，我们要承认儿童的人权。第二，我们应该了解儿童的能力需要。承认了儿童的人权并了解了儿童的能力需要，才有可能谈儿童福利，否则难免隔靴搔痒，劳而无功。"因此，教师在日常教学和生活中要善于观察学生，努力去理解他们的思想与感情、处境与心情、目的与需求，保持与他们的平等交流和沟通，倾听他们的心声，并施以恰当的关爱，方能达到教育的目的。

2. 掌握学生的特点，关心以"平等尊重"为原则

关心爱护学生是教育的前提和基础，没有了它，就没有了教育。正如陶行知先生在《师范生应有之观念：教育为给儿童需要之事业》一文中所说的那样："教育者，乃为教养学生而设，全以学生为中心。教师与学生，焉可无同情耶？同情谓何？即以学生之乐为乐，以学生之忧为忧；学生之休戚即我之休戚，学生之苦恼即我之苦恼是也。"然而一旦把这种关心与爱护变成了单向的输出与给予，使教育的思想与要求成了它的附属或附加品，那么这种失衡的爱就会引发学生的抵触情绪。因为今天的学生有很强的自尊心，要求别人尊重自己的个性、尊严以及意见，迫切要求平等、自主、独立。如果

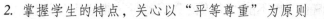

班主任能够尽力地尊重他们、支持他们合理的想法和做法，他们会感到由衷的高兴。反之，如果班主任过多地限制他们的独立性，总在旁边加以监护、指导，百般要求他们听话，甚至不恰当地指责，不尊重他们的兴趣、愿望、要求等，他们就会抱怨，以致用各种方式表示抗议。

3. 善待每个学生，关心以"博大宽容"为原则

爱因斯坦曾说："善于宽容也是教育修养的感情问题。宽容之中蕴含了教育者对教育对象的了解、信任、期待。"在任何情况下，班主任都要善于以理智控制感情，而不要因学生可能伤害了自己的尊严，就失去理智，粗俗发狂。沉默，有时也是一种教育，而宽容，有时比惩罚更有效，因为它能起到"以柔克刚""此时无声胜有声"的效果，使学生能体会到潜藏在教师内心深处的信任和尊重，从而努力改正错误。惟有如此，方能达到标本兼治的目的。

4. 辩证看待学生，关心以"公平公正"为原则

有人曾这样比喻：教师仿佛是太阳，学生恰如一株株向日葵，无论其大小、饱瘪，都天生朝阳，追随太阳的运动轨迹。学生们都希望老师的目光如同阳光，毫不吝啬、一视同仁地普照大地。教育家加里宁说："教师仿佛每天蹲在一面镜子里，外面有几百双精敏的、善于窥视教师优缺点的孩子的眼睛在不断盯视着他。"因此，教师绝对不能偏心，更不能以个人的喜好或情绪把学生分为三六九等，随意评判学生的好坏、优劣，而要一分为二地分析，透过现象看本质。既不能对优秀生特别照顾、关心，也不能对"暂差生"歧视、挖苦，应该恪守"人人有才，人无全才，扬长避短，人人成才"的理念，公平公正地对待每一位学生，这样才能赢得学生的尊重和信任。

总之，教师的责任就是促进学生的健康成长。不管学生以怎样的眼光来看待，教师都不应与学生赌气，而应怀着一颗仁爱宽容之心来对待自己的学生，多与他们沟通，多听听他们的心声，多从他们的角度想想，多做一些真正有益于他们的事情，这才是对学生更

为理智的爱，这种"爱"才更贴近学生，更有内涵。更何况，人都是以心换心的，只要交与了学生赤诚，学生回报的必然是心灵。古人说得好："天下有大勇者，卒然临之而不惊，无故加之而不怒。"今天的班主任，更应该具有这样的气魄。

少抱怨环境，多改变自己

初为人师，对于未来，心中总会勾勒出一幅美妙的蓝图。然而，当你带着青春的激情开始面对学生时，或多或少会有一些困惑和苦恼。理想与现实之间，时常会有一定的差距：学生不如想像中的那么可爱，环境也不如期待中的那么舒心，读了许多教育学的书籍，但却远不能应付工作中所有的问题。

这时候作为班主任的你，千万不要丧失信心，因为你还年轻。

因为年轻，你需要时刻保持清醒地反思，要"多改变自己，少埋怨环境"，要知道"仅有热情是不够的"；因为年轻，没有多少经验的你需要继续学习，学会爱，学会用真诚而宽容的心面对学生；因为年轻，你需要在挫折中勇于坚持，一切都是新的，激扬自己的理想和热情，大胆地去尝试。

著名教育家魏书生的故事能对我们有所警示。

刚当教师时，领导便分配我做班主任，同时教两个班的语文课。学生不尽如人愿，一个班还不错，另一个班可就难了。50多个学生全是男生，是从各个班挑选出来的后进生，他们爱玩，怕上课，有几位学生连父母的名字都写不对，却埋怨父母名字太难写！

学校的环境也不尽如人愿。教室是条件简陋的平房，因为隔音差，以至于一个教师讲课，几个教室都听得见，互相干扰。冬天下雪，雪花从漏缝儿的屋顶直接飘到室内来。

面对这样的环境，我埋怨过，灰心过，也等待过，但结果是学生越来越难教，自己的脾气也变得更糟糕。黄金般宝贵的光阴，换来的是一大堆无用的指责和埋怨，真乃人生的悲哀。

　　我的体会是：比较有效、比较实际的做法是先从改变自己做起。

　　埋怨环境不好，常常是我们自己不好；埋怨别人太狭隘，常常是我们自己不豁达；埋怨天气太恶劣，常常是我们抵抗力太弱；埋怨学生太难教育，常常是我们自己方法太少。

　　人不能要求环境适应自己，只能让自己适应环境，先适应环境，才能改变环境。从这样的认识出发，我面对现实，千方百计改变自己的教育方法。不久，我任班主任的班级，班风有了明显变化。那个全是男生组成的班级，也和我成了朋友。他们帮我搞教改，帮我设计公开课，学生的学习热情出人意料的高。

　　如今，昔日简陋的办学条件也已成为历史的记忆。新的教学楼、实验楼，新的现代化专用教室和操作室。风景怡然、赏心悦目的校园展现在人们面前。可见，人在改变自己适应环境的同时，环境也会逐渐遂了人愿。

　　魏书生老师的亲身经历告诉我们，面对班主任工作的种种不如意，我们没有理由去悲伤或者愤怒，就学一点改变的学问吧：

　　你改变不了环境，但你可以改变自己；

　　你改变不了事实，但你可以改变态度；

　　你改变不了过去，但你可以改变现在；

　　你不能控制他人，但你可以掌握自己；

　　你不能预知明天，但你可以把握今天；

　　你不可以样样顺利，但你可以事事尽心；

　　你不能延伸生命的长度，但你可以决定生命的宽度；

　　你不能左右天气，但你可以改变心情；

　　你不能选择容貌，但你可以展现笑容。

建立融洽的师生关系

作为一名老师，尤其是班主任老师，怎样与学生相处，这是一个永久的话题。但人与人之间的交流是一个相互沟通、理解和支持的过程。所以解决这个问题光有爱、热情是不够的，班主任教师还要掌握一定方法技巧。也需要讲究一定的相处艺术。只有这样，才能沟通师生之间的情感，增进相互了解，促进心理相容，提高学生思想，这也是沟通师生之间感情最常用的手段和方法。

让学生在你的心目中重要起来

如果问："老师，您能叫出您学生的名字吗？"听到这样的发问，肯定会有许多老师在偷笑："咳，这个问题问得没有道理，我们当了这么长时间的老师，难道叫不出学生的名字吗？"

的确，老师叫出学生的名字，看起来似乎是很容易的一件事，小菜一碟。一般来说，每个老师都能够叫得出自己学生的名字。问题是，在具体的教学过程中，我们在很多时候，却不知道或者说忽视了应该更多地叫学生的名字。

曾经看见过这样一则故事：

随县教委"行规"检查团到镇上的一所小学检查日常行为规范，根据事先分工，我负责与学生座谈。学生们从学校的教学、管理及同学们的表现等诸多方面，与我倾心相谈。从这些小朋友身上，我充分感受到他们的天真、无邪与友好。

为了让每一位小朋友有表现自己的机会，我要求没发言的学生按顺序逐个发言。最后我指着一个同学说："请脸上有颗黑痣的同学讲话！"这位长得虎头虎脑的、脸上有颗黑痣的学生突然从位子上站起来，非常严肃地说："老师，我是有名字的，我叫杨××。"刹那间，整个会场的空间和时间都好像凝固了似的，小朋友面面相觑。我当时感到无比的尴尬，同时也意识到我伤害了这个十来岁的孩子的自尊。"对不起，老师伤害了你。"我非常惭愧地说。

这件事已经过去半年多了，但它仍然印在我的脑海中。我强烈地意识到，对学生来说，老师的一言一行对他是多么有分量，孩子的心灵是多么的敏感和脆弱！他们的名字代表着怎样的庄严和神圣啊！尊重，应是教育民主的第一原则，也是教育的价值所在，但它却常常被我们有意无意地忽视，将师道尊严凌驾于学生的人格尊严之上。

"老师，我是有名字的……"这句话多少次在我耳边回响，对于我的记忆来说，它将是永恒的。

这个故事让我们感慨良多。

人的心理有时候很复杂，但有时候却又非常简单。一个人进入一个全新的环境，面对的是陌生的面孔，彼此之间都会有一种渴望被人认识、被人了解、被人尊重的心理要求。试想，你连我叫什么名字都不知道，你会全面地了解我吗？你连了解我都没有做到，你会尊重我吗？你既然不尊重我，你当然不会关心我了。

这是一根很简单的人与人交往的心理反应的链条。正是这一根人们不能用眼睛看到却能够深切体会到的链条影响着人与人之间的关系，是疏，是密，无不与此相关，师生之间更是如此。

不要认为那一轻声的呼唤是无关紧要的，有时候，它甚至可以改变一个人的一生。

《读者》杂志上曾刊登过这么一篇文章：

小学时我是个怯懦内向的孩子，在同学中间我就像落入大海的针一样绝望。老师很少注意到我，经常有老师上了一个学期的课仍然叫不出我的名字。他们称呼我的方式五花八门："穿白衬衫的那个同学"、"角落里的那个同学"、"坐第三排的那个同学"等等。到后来，我甚至习惯了没有名字的生活。我的学习成绩也是不上不下，什么时候都不会成为老师眼中优秀的"骄点"或糟糕的"焦点"。我似乎成了一个可有可无的人。

五年级时，来了一个新语文老师，她很喜欢在课堂上提问，有时还让我们表演课文里的角色。一个星期后，她又让我们进行这种表演。班里几个口齿伶俐的同学已经跃跃欲试，我呆呆地坐在角落里，等着看同学们的表演。突然，我听见老师说："胡彬，你来演狐狸。"起初我一愣，半天才明白原来老师真的是在叫我的名字！我站起来，有点儿紧张，但更多的是激动——老师才来一个星期就知道我的名字了！她一定对我印象深刻才记得我！我内心感到了一种莫大的荣幸，甚至是骄傲。

那天，我的表演很成功，我第一次意识到原来自己也有成功的潜力。从此我在课堂上学会了踊跃发言，与人交流时也不再吞吞吐吐。小学毕业时，我已经变成了一个活泼自信的孩子。

多年以后，我成了一名师范大学毕业的研究生。在给学生上课前，我一定会花很大力气记住所有学生的名字，哪怕他是多么不抢眼，哪怕他是多么沉默。我从不吝啬自己的呼唤，有一次，当我准确叫出一个孩子的名字时，我分明看见他木讷的表情变得生动无比，眼睛甚至流露出一丝带有惊慌的欣喜。那一刻我领悟到，对一个性格内向、少言寡语的孩子而言，在课堂上能够得到老师的"钦点"，将是一件多么令他兴奋和骄傲的事情。这轻轻的一声呼唤，足以唤醒一颗尘封的心灵，让他知道自己并没有被世界遗忘。

记住学生的名字是如此的重要，但是，记住学生的名字也并不是一件轻而易举的事，除了有爱学生之心，你还得拥有较强的记忆力。

如果你只有爱心而无记忆力，那就试着用用下面的"诀窍"吧。
首先，到学校教务处把学生的花名册拿来，在开学之前背下来。

这个方法虽然很笨，而且只是熟悉学生的姓名，不能够面对每一个实际的学生，但是，好处也很明显，开学的时候，你不用再急急忙忙地记忆学生的名字，不会遇到不会写学生姓名的尴尬。

其次，抓住学生报到的机会，跟学生聊一会儿天，尽可能地把学生名字和本人联系起来。第一天报到，学生一下子不是来得很多，你完全可以试着跟学生进行初步的交流。万一一下子来了很多的学生，你也不要惊慌，这是一个认识学生的好机会，你可以在不同学生中间差别认识。也就是说，你在和学生交谈时，记住那些有差别特征的学生。如喜欢讲话的那个学生叫什么名字，快嘴快语的那位女生叫什么名字，沉默不言的男生是谁……

最后，记住学生的外貌差别，并把外貌差别与学生姓名联系起来。学生之间总有差别的，更何况全班是几十个学生，外貌差别应该是很明显的。有经验的班主任通常在开学的时候，很注意观察学生的外貌特征，并在自己心里给他们下一个外形定义，有的还能够与姓名结合起来。其实，有很多人的外貌跟姓名也很有联系，只要你发挥联想，那些死板的姓名就会一个个生动起来。

如果这样还不能够记住学生的名字，还有一个笨办法，那就是迅速把学生的座位安排好，对着学生座次表，每天到班上去点一次名，清一次到。这样，你就凭借着记忆固定的座位号，也能够记住一大批学生的姓名，并且保证自己不会叫错人。记忆中，你可以把每一个学生设置到你设定的记忆方格里去，一个座位对应一个学生，记住他的各种外貌特征，甚至声音特征。

总之，做一个成功的班主任，就要从努力记住每一个学生的姓名开始。

成大器者必有大度

有一位在中学做班主任的老师曾讲过这样一个事情：

从教这么多年，学生提问为难老师的事情，我遇到的不多。一次是男生佘雷兵，他来请教我一个物理题目。因为他听说我高考物理考过 148 分（满分 150 分），他不相信，就问了我一个问题。

"你说物体吸收热量，温度就升高。"

"是的。"我回答。

"那么地球吸收太阳的热量，温度就升高。"

"对。"我又回答。

"地球天天在吸收热量，温度不断地升高，为什么地球没有变得像蒸笼一样呢？"

好！这个问题提得好。他问题后面藏着问题，证明这个学生在动脑筋。

我很高兴："地球吸收太阳的热量，反射了一部分，另一部分变成了物质。例如森林和草原，现在地球上的石油和煤炭矿藏，实际上是把以前的太阳能储存起来了，这是能的转化问题。"剖析得透彻，学生佩服。

我在班上表扬了他，号召学生提问题。

与案例中的教师相反，在现实的教学过程中，有的老师被学生问"倒"了，觉得伤了自己的面子，勃然大怒，冲着学生发脾气。怎么能够这样呢？青出于蓝而胜于蓝，这是天大的好事。即使老师一时答不出，也应该说："老师老了，知识僵化了，容我好好地想一想。"我们再来看另一个案例：

那是 1994 年冬天，我们职高语文教材上安排了对联知识，作为应用文教学的必修单元。我给学生们上了一节课的基础知识后，学生兴趣很大，到处找对联来对。陆智香找来了一本《工商之友》杂志，上面有几幅对联征下联，她拿来考考我。

我比较为难，说真的，应付课堂教学是绰绰有余，但是真要去应征获奖，以前从来没有试过。但是既然拿来了，我不能够不想一想就撤退啊，先试一试吧。

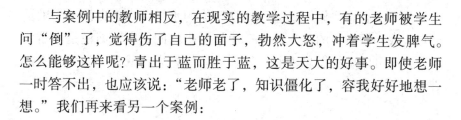

我看了一下第一副上联："凭此闻新视远，揽天下风云于尺幅之内。"上联气势恢弘，境界高远，有放眼天下之感，确实不容易对。我想了片刻，从该杂志的性质入手，拟写了一副下联："据其致富发家，汇世上安乐在小康之中。"形式上是比较严格的对偶，内容也比较符合当前大家的心愿——汇集世间安乐在小康家庭的生活当中，这是良好愿望，也是我们的理想，内容也应该可以。后面的一联较容易，它的上联是："工商凭其踊跃。"我对的下联是"商贾据此繁荣"。不到5分钟，对是对出来了，但是不知道水平如何。陆智香又动了脑筋："老师，既然对出来了，为什么不去检验一下呢？把它们寄出去吧。"

"呵呵，寄就寄吧，说不定还能够获奖呢！"我有点自信了。我的自信感染了她，于是我们就把它寄出去。一个月后，就得到了该杂志社寄来的600元稿费，我的两副对联双双入围，并双获三等奖，成为该杂志社的一个新闻。此后，陆智香常常在别的班上同学面前炫耀："嘿，我们老师，那水平才叫水平呢！"

学生没有难住你，就会到处颂扬你的水平，一点也没有失败的感觉。我们做老师的，为什么反而怕学生问问题呢？即使是刁难的问题，也可以动脑筋思考啊。教师的人格魅力，就在于和学生一起进步，一起成长！

我的学生时代有一个数学老师。我很尊敬他，他是我这一辈子遇见的好的老师之一。他经常向学生讨教问题，而且态度很谦逊。我们那时读高三，他教我数学，每周要给我们做一套数学综合试题，有时候是复习班的，有时候是他自己刻印的。如果题目很难，他就坦率地承认，自己暂时还想不出解答的思路，"求"我们帮助他一下。我们几个成绩好一点的学生就一起商量、研究，并把他的试卷做好。每次做好后，我们都很有成就感，觉得自己了不起，信心也大增。我的数学成绩原来并不是很突出的，但是这样一做，我的成绩上来了。

后来我才明白，他哪有不会做的题目啊。所有的例题都是经过他细心筛选的，要达到什么目的，取得何种效果，他心里早就有一盘棋了。但是，他却以他强烈的人格魅力影响着我们，他谦逊地要学生帮忙做题，实际是在不露痕迹地帮助我们啊！

真名士自风流，真老师不但不怕学生来问，反而故意装糊涂。老师真诚地请学生帮一个忙，实际是在扶学生上进啊！这由一般老师厌恶学生提刁难的问题，跨越到谦虚地要学生帮忙，境界又上升了几个层次呢？

学会"冷处理"

学生顶撞老师，是老师最难以容忍的事情，而这样的问题在绝大多数学校都会存在。有这类问题的学生往往意志薄弱，情感脆弱，常常躁动不安，时常摆出一副目空一切的架势，他们经常故意和老师对着干，以顶撞老师来表现自己的"能耐"。能否做好这类学生的教育工作是对教师修养与智慧的检验。

有位班主任讲述过这么一件让她终生难忘的事：

"哼，真看你是个女老师，不然……"几乎喊着说出来的这句话让我重新打量眼前的这个瘦高、尖下巴、脖子向上翘、眼睛中流露出怀疑和不屑目光的大男孩。这是发生在我的办公室里的一幕情景。

开学的第二天，上课的铃声响了，但我们班却有一个座位是空的，他没有来，我在教室外等着他，不一会他背着书包走上了楼梯。

我说："怎么了，才来？"

他说："起床晚了。"

我说："自己要养成好的生活习惯，这是学习的前提和保证，下次一定要准时上学，不能再迟到了。"

他不以为然地走进了教室。

接下来的几天，他连续迟到了几次，我耐心对他进行了说服教育，看着他迷茫的眼神，似懂非懂、似信非信的应诺着，我知道我的一些话在他的心中引起了一丝的波澜。在接下来的几天时间里，他都准时走进教室，我感受到了做教师的成就感。

几天后的一个早自习，他和另外一个同学都没有来，我焦急地站在教室的门外等着。他和另外一个同学终于出现，我的一颗心落了下来，我简单地询问了迟到的原因，然后就让另一个同学回到教室。

然后我对他说："跟我上办公室。"他没有动，也没有吭声。

我诧异地望着他，转而更加严厉并加重语气地对他重说了一句："到我办公室来。"他仍然没有动，呆呆地站在那里。

我终于再也忍不下去了，"到我办公室来，你没有听到？"我吼着。

他大声地说："我就不去！"

我们都僵持在那里。时间一分一秒地过去，我心里非常的恼火与气愤，但我知道我面前这个学生是特殊的学生，于是我强压下怒火，心平气和地对他说："跟我上办公室来。"

出乎我意料之外，他竟然站在那里没有动。我没有强求他，我走回办公室，想着为什么会这样，一般的学生不会这样的，我满腹狐疑地回到办公室，呆呆地坐在那里，想着刚才发生的一切。

于是，我拿起电话把他母亲约到学校，谈到他最近在家里的表现，以及他在学校的表现。我们正说着，突然敲门声响了，一个同学把一张他的请假条交给我。他留下一张请假条走了，这是我万万没有想到的事情。我的心好像又被什么东西重重地撞击了一下。我深深地知道，我遇到一个极其特殊的学生。我意识到问题的严重性，也让我重新认识了这个孩子——这是一个行为举止有很多毛病的孩子，很有个性，甚至是特性。面对这样一个有性格的学生，怎样才能让他明白、让他认识到自身的缺点和毛病？我深深地陷入思考中。

几天后的一个早上，他母亲把他又送到学校。经过了解才知道，他觉得老师对他和对另外一个学生的处理不公平，在难为他，他才会有这样的反应。我耐心地说明了找他到办公室的理由以及做人处事的道理。他脸上才渐渐地露出了笑意，我知道他理解了老师的一番苦心。

经过这件事情，我在平时的教育引导上对他更加注意和关注，给他更多关心。一天，二天……我发现他的眼光在改变，他的行为在改变。于是我抓住一切机会，放大他的闪光点，表扬他，他不仅更爱学习了，而且连走路的姿势也发生了改变。

但突然间，意想不到的事情又发生了……

那是在一个下午的自习课，教室内静悄悄的，同学们都在安静地学习，我轻手轻脚地走进教室，他突然抬起头，然后惊慌失措地把桌面上的一本书慌乱地放在课桌里，我意识到那一定是一本课外书。我走过去，拿出了那本小说，然后我说："到我办公室。"

他跟我来到办公室，我感到非常气愤与不可理解，我大发雷霆地对他怒吼着："你是不是不可救药？你到底想不想学？"我感到我对他以前教育的失败，也感到对他的失望。

他也爆发了，他说："如果是其他同学你就不会这样……"。一种不被理解的情绪使我更加激动，我的语言更加激烈与严厉。他被激怒了！

他说："哼，真看你是个女老师，不然……"他紧握着他的拳头。我被他的表情惊呆了。这时我才知道我有些激动。

于是，我把语气放得平稳些，诚恳地承认自己有些太激动，他也平静了下来。然后我讲了这件事对他的危害，以及老师之所以发火的原因。我说："老师总是希望你能有更大的进步，老师对你抱有很大的希望，但你却让老师有些失望。"他说："老师，我也想学，但我好久没有这样认真学习，学了一段时间后，感到有些压力，不知不觉想放松下，所以才……"

这件事给了我新的思考，面对现在的中学生如何教育，如何更加理解他们，才能走进他们的心灵——真诚地帮助他们，一把钥匙开一把锁，针对不同的个体，用不同的方法，只有这样，我们的教育才会有收获。

事后，我找机会和他一起心平气和地坐下来，促膝长谈了一次。我把老师对他的期望，老师看他的一点点的改变的喜乐之情告诉他，以及中学生在成长过程中应该如何加强自身修养，应如何从身边的一点一滴小事做起，他心悦地接受了。通过这件事，我也更加理解他，明白他，对他的引导和教育更加得心应手。我们师生这场"误会"，如春天的冰雪在我们相互理解和信任中融化了，我感到做教师的自豪与喜乐。

通过这件事，他真的变了，和其他同学一样健康地成长着，在期中考试中成绩取得了很大的进步。

故事中的"他"经常顶撞老师。这种情况在班级管理中并不少见，有这类问题的学生常常无缘无故地顶撞老师，出言不逊，遇事不轻易认错，难以沟通。这类学生虽然只是少数，但如果不注意引导，他们对老师的敌视和顶撞会越来越严重，进而影响师生关系和班级正常秩序，给班级管理工作带来阻碍和困难。同时，也会使这类学生在行为规范和人格修养方面出现障碍，影响其健康人格的形成。

这类问题学生的共同特点是出言不逊、话语出格。教师做这类学生的教育工作，首先要避免急躁，当学生在自己面前出言不逊，甚至故意顶撞时，教师最重要的是保持一种平和的心态。其次，这类学生的教育工作也不可能一蹴而就。这些行为习惯上存在"问题"的学生，往往不同于其他一般的孩子。正因为不同，所以他们的个性往往很张扬，自尊心也更强。对待这样的孩子，需要给予他们更多的关注和等待，要多亲近他们，多鼓励他们。相反，如果老师总是抱着一种"学生就得听老师的"，或是抱着"恨铁不成钢"的心态去做工作，很可能是适得其反。

这类学生为了得到老师的关注，可以作出许多不合常理的举动，但他们的心理由于长期得不到老师的正确对待而变得更加脆弱。教师在教育他们时，必须保持冷静的态度，在保护他们自尊的前提下，回避他们的顶撞，通过分享他们的优势来进行诚恳的沟通，这种转化效果才是水到渠成的。

总之，学会"冷处理"，是处理学生顶撞老师这类问题的首要之选。

有些事，还是别斤斤计较的好

我们先看一个案例：

去办公室的路上，碰见了我以前当班主任时教过的两个学生。左边一个学生是当时班里的优生，我很喜欢他，与他感情很好；右边一个学生是当时班里的差生，每次我们面对面都是我在教育他。现在他们俩同时向我走来，我向他们展开习惯性的微笑。差生看见我毫不犹豫地举起手向我行礼，微笑着对我说："老师早！"优生却是有点尴尬的一顿，然后横了差生一眼，最后面无表情、目不斜视地和差生一起与我擦肩而过。我停下脚步，转身看着他俩离去的背影。优生在对差生说什么，差生似乎有点不服拔高声音说了句："我怎么知道啦？"我转过身继续向办公室走去，脸上有点笑不出来了，心里很不是个滋味。

那个场面实在与我预设的那个场面差太多了。我预设中的场面应该是优生与差生同时向我走来，优生想到了昔日我们之间的感情，有礼貌地对我微笑并向我行礼打招呼；差生因为昔日被我批评得太多，应该对我不予理会或敷衍了事地行一下礼。所以虽然我的微笑是面对他们俩的，但我的目光是倾向于优生的，只是我没想到我遇到的竟是这样一种场面。那一瞬间的优生与差生颠覆了我一直以来对优生和差生的印象。

这类事情很多老师都遇到过：离开老师以后，好学生反而对老师冷淡，差生对老师却充满热情。

其实，学生的表现出乎教师意料，正是教师提高自身专业水平的契机。学生的表现若总在教师的意料之中，总能让老师满意，这虽然很爽快，却并不能给教师带来自我超越的感觉，不能进一步提高教师的专业能力。因为，没有挑战就没有超越。

如一位地质学家，本来预测某处必有石油，凿井一看，没有。于是可能他所有的知识、理论、经验都被动摇了，而这种动摇正是新的理论假说的催生剂。倘若一切如愿，他的理论就只能停留在原来水平，不过得到一点眼前的实惠而已。但他是科学家，科学家在实践中碰钉子的时候，习惯于怀疑和改进自己的理论，这是他们的思维方式。而教师在实践中碰了钉子，一部分多数人却不习惯反思自我，而只会埋怨孩子和家长。

这就是这些教师的专业素质长期得不到提高的原因——他们缺乏科学家的科学态度和反思精神。

上面案例中的班主任老师具有反思精神。他遇到好学生出乎意料的表现，不是埋怨学生"没良心"、"白眼狼"，而是分析自己的失误，从而提高自身的水平。优秀教师就是这样炼成的。

那么，好学生为什么反而对老师态度冷淡？

1. 可能是我们的期望值太高了

要是一个中等生或后进生毕业后见老师不理，可能我们就不会震惊了吧？因为老师对他们的期望值本来就不高。好学生是老师的心尖子，老师就以为自己在学生心中位置也如何如何重要。但这可能只是一厢情愿。

2. 有些好学生是善于表演的

也就是说，当教师是他的"顶头上司"的时候，所看到的他的表现，不一定出自他的真心。他可能很瞧不起教师，但是还在教师面前做崇敬状；他可能很烦教师，还在教师面前做亲热状。

3. 好学生常常把成绩归功于自己

好学生取得的成绩，有些主要归功于自己。但是孩子毕竟是孩子，他们思考问题是比较容易走极端的。一旦过分夸大了自己的功劳（这与他们经常受表扬和吹捧有关），就可能抹杀老师的贡献。或者有的教师总是在学生面前强调"没有我，你哪有今天……"，类似的话容易造成孩子的逆反心理，也会抹杀教师的贡献。

可见，我们平日不可把好学生捧得太高，也不必在他们面前摆教师的功劳苦劳。做我们该帮的事情，以平常心对待最好，一碗水端平。

总而言之，不管遇到多么不可思议的事情，都请记住：作为教师，我们的最大任务是教好学生，至于学生是否记住我们的恩情，记住我们的关爱，那是不重要的。

因为，有些事还是不必计较的好。

面对难堪，别太在意

学生随着年龄的增长，他们的个性也在不断张扬，给班主任难堪的事还真不少。这里所说的难堪事，指的是学生不给老师面子，在公众场合与老师发生摩擦，让老师下不了台。如给老师取绰号，说不尊重老师的话，甚至与老师顶撞等等。为此，老师应该掌握巧妙处理这类事情的方法，做到既教育学生，又能使学生更加尊重自己。

首先，要正确认识学生。

今天的学生与以前不一样，他们不再"处处听话、事事顺从"。他们胆大，敢说敢为；他们率直，想说就说。他们会把家里的事说给你听，他们敢于当面向你提出意见。老师应该了解学生的这些特征。对于他们天真纯朴的话语，我们做老师的应该像朋友一样，以平等的身份倾听。对于学生不正确的言行，如给老师取绰号，不应简单训斥，而应深入浅出地给他们讲道理。可以告诉他们：文雅的绰号是对人的一种赞扬、鼓励，像《水浒传》中给好汉们起的雅号就形象地点明了人物的特征。另外，像"小小作家"、"小画家"、"神算子"等，是激励人的雅号，人们是喜欢的。但那些不礼貌的绰号是对人的一种伤害，人们是不喜欢的，人与人之间应相互尊重，不能给对方取侮辱性的绰号。对于个性特别强的学生，应另找机会个别处理。

其次，要冷静对待难堪的事。

当令人难堪的事情不可避免地发生时，老师的态度非常重要。

有位老师正全身心地投入教学，忽然发现有位学生竟在看卡通书。这时，老师非常生气，走下讲台，拿起那本卡通书就把它撕了，还狠狠地摔在地上。本以为这样做既可惩戒这位学生，又可教育其他学生，没想到那个学生竟当堂哭起来，还让老师赔。顿时，所有的目光都集中到了老师身上。

怎么办？是继续批评训斥，甚至让那位学生马上出去，以挽回自己的面子、尊严，还是……这时如果教师继续训斥，那课堂一定乱成一团，整个教学秩序就会受到影响，这个损失可就大了。这时候，老师一定要冷静下来，马上调控好自己的情绪，可以对全班同学说："这件事我们先搁一搁。某某同学，你现在也别哭了，老师刚才太冲动了，我们课后来处理，不要影响大家上课，好不好？"老师的情绪来了一个"急转弯"，很快投入到教学中，这时候全班学生一定会非常认真、投入地听课，包括那个学生。

第三，要反省的自己的过失。

当难堪的事情发生后，老师千万不可一味责怪学生，掩盖自己的过失。其实，老师的威信更多地建立在与学生平等、民主相处的基础上。因此，事后老师先要进行反省，回忆整件事情的经过，检讨自己的过失。像上面的案例中，我们不难发现事情的关键就在老师撕破了那本书，把矛盾激化了。如果当时老师不动声色地把学生手上的书收起来放回课桌底下，事情就会不会这么糟。因此，老师首先要认识到自己也有错，也有做得不恰当的地方，而且坦然承认。虽然老师的出发点是好的，但还要注意方式方法。

第四，要妥善处理，以理服人。

班主任在处理这类学生给教师难堪的事时，一定要注意时机。有的需要"热处理"，即抓住机会，趁热打铁；有的需要"冷处理"，即不急于表态或做进一步处理，让当事人有一个内化或自省的过程，待时机成熟再处理；有时也可以向别的班主任请教。像以上这个案例，老师也有错。因此老师在与那位学生交流前，可先买好一本书，然后主动找那位学生，先把书给他，再向他道歉。这时，学生肯定会感到不好意思，会意识到自己也有不对之处，进而再引导学生反省自己的行为，教育效果会更好。因为这时学生会觉得自己"理亏"，而老师又那么真心真意地对他，他很容易接受老师的教育，并在以后学习、生活中改正。

总之，遇到难堪的事，班主任一定不要太冲动，不要让自己的脸"勃然变色"。

换种思维方式，自然心平气和

有位班主任曾在网上发过这样一个帖子：

施××笑嘻嘻地走进办公室，手中拿着语文课本。我微笑着问他："施××，是否想到老师这儿来背课文？""废话！"施××的脸上是得意的笑容。我怔住了。参加作文比赛的四位学生不知所措地先望了一眼施××，然后不约而同地将目光聚焦于我。对面正在批改作业的同事也被惊了一下，办公室变得那么安静。

我很想当场发作，将施××劈头盖脸地批评一通，挽回自己的面子，但我终于忍住了。因为我想到或许他不是故意的，是长期说话不注意分寸的自然流露；另外，他是在我询问他"是否想到老师这儿来背课文"的时候说的这句话，或许是因为他对背出课文充满了自信，是得意忘形所致。于是，我又一次微笑着对他说："你要背课文，请你等老师辅导完这几位同学的作文再进来，好吗？等背完课文，老师还想与你探讨一下你刚才说的'废话'是什么意思，请你先想好了。"

辅导完学生作文，施××来到我面前背课文。果然，他已经将课文背得滚瓜烂熟。看来，我刚才不急于批评他是对的。我在他的课本上打上了一个大大的"优"，他脸上有了自豪的笑容。施××不好意思地说："我知道自己错了，是因为说这话我已经习惯了。我想，老师听了这话心里一定是非常不好受的。"我趁热打铁："我们从小就要学会与人谈话讲文明，特别是与老师或长辈说话的时候更要有分寸，这样，你才能受到别人的欢迎。"他心悦诚服地点着头："老师，我知道了，以后，我一定要把不文明的口头禅给改了。"我摸着他的脑袋说："懂了就好，回家吧。"他开心地一摆手："老师再见！"

发帖子的老师对事情处理得相当漂亮，举重若轻，化"敌"为友，谈笑之间，驱散满天乌云。

要总结经验，人们一定会说，案例中的老师好脾气，心理健康，有涵养，爱学生，所以能够如此。

这么说当然不错。然而，我们不应忽略一个重要的维度——思维方式。

案例中的老师之所以如此处理问题，与他的思维方式大有关系。当学生对他言不逊的时候，他在想什么？他往哪个方向想？

他是这样想的：我想到施××随口说我的问话是"废话"，或许他不是故意的，是长期说话不注意分寸的自然流露；另外，他是在我询问他"是否想到老师这儿来背课文"的时候说的这句话，或许是因为他对背出课文充满了自信，是得意忘形所致。

正是有了这样的估计（设想、假说），老师才不着急发作。如果他认定（作出结论）施××这个学生是"成心捣乱，向老师挑衅"，那他下一步别无选择，只有批评。发脾气不过是情感强烈的一种批评方式而已。

我们知道，人都是先做了结论才会发脾气的。在没有得出结论

52

之前，人们总是倾向于探究，而不是发作。

这个案例告诉我们，遇事不忙做结论，换位思考一下，估计几种可能，就不容易发脾气了。

可见，良好的心态、良好的涵养是以正确的思维方式为前提的。没有正确的思维方式，就不会有"好脾气"。

作为班主任，当学生对你出言不逊时，请记住：想得开，心态才能平和。

把责任百分之百的揽过来

有位刚当班主任不久的老师讲过这样一件事：

我最近很倒霉，因为我被家长投诉了。起因是我批评了一个学生，那个学生态度和行为都非常恶劣，他欺负同学，破坏课堂纪律，还拼命狡辩不肯承认，并当面跟我顶撞，我实在忍无可忍，骂了他混蛋，并且让他在办公室里站了一个上午。后来我就接到电话，让我到校长办公室去一趟。在校长办公室里，我发现那个学生的父亲生气地坐在那里。校长严厉地批评了我，并且要求我向家长赔礼道歉。我虽然给校长面子，向家长认了错，但是心里却很郁闷。孩子没教育好，家长也有一部分责任，为什么要我赔礼道歉？我心里很委屈，实在想不通。

这位班主任的思想，让人不敢苟同。

师生关系出现问题，教师要有承担百分之一百责任的勇气，即使对方先有错，即使主要是对方的错。但有勇气承认，首先这是一种态度，态度决定一切。

有一位刚参加工作的老师，自身条件非常好，教生物，而且计算机和英语都很棒，普通话讲得也好听，长相也不错，所有的人都觉得眼前一亮。

可是六七年过去了，她的计算机和英语水平依旧不错，生物课却上得一塌糊涂。她对学生很凶，学生都很怕她。除此之外，她没有任何长进。

她有一个最大的特点，就是喜欢抱怨。跟她在一起，只要谈到学校的事情，就会听到她的抱怨。抱怨学校的待遇不好，抱怨学生素质低，抱怨学校规章制度有漏洞，抱怨教材编得水平差，抱怨班主任不配合，抱怨家长不懂教育，抱怨领导乱弹琴……所有能抱怨的几乎都被她抱怨光了。

碰到什么问题了，去跟她商量，她总是一副振振有词的样子，她以举出各种理由来证明她是没有错误的。她的思路清楚，言词确凿，别人很难驳倒她，只能在心里叹气，一棵好苗子，就这样被她自己糟蹋了。

案例中的老师这么多年来不长进其实是可以预料到的。一个人，如果碰到问题总是首先寻找别人的原因，从来不反思自己的问题，那么，就不会发现自己的问题，也就根本不可能想方设法去改进。今天犯这个错误，明天还是会犯这个错误，水平永远不会提高，也不可能提高。

学生的行为出现问题，家长有没有责任？当然有！现在学生的很多问题都是由于不良的家庭教育造成的。但是抱怨家长有没有益处？没有！教师的职业就是教育，就是吃这行饭的，这是我们的工作。我们要有一点专业精神，否则，自己教育不好学生，反而怪这怪那，就不应该了。

当我们有了承担所有责任的意识，我们才可能深刻地反思自己；也只有对自己进行深刻的解剖和反思，我们才可能在犯了一次错误之后，不再犯相同的错误。这样，我们才能得到不断地发展完善，越来越接近一名优秀教师的标准。

所以，一旦发生师生冲突，班主任，请先把责任都揽过来。

处理与学生家长关系有艺术

如何正确处理好与学生家长的关系，是我们每一位教师应高度重视的问题。在教育不断发展的今天，我们应当建立一种地位平等、相互尊重、相互信任的教师与学生家长的关系。只有我们每位教师正确处理好与学生家长的关系，同家长架起一座沟通的桥梁，才能赢得家长的尊重、理解和合作，共同完成好教育、培养学生的任务。

用努力赢得家长的信任

在教育工作中，作为班主任，我们难免会遇到学生家长埋怨教师的情况。那么，该如何处理这类事情呢？

我们先看下面这个案例：

学生夏×的家长千方百计地把孩子弄进省重点中学后以为万事大吉，加上孩子在家里对父母很是听话，因此家长长期不过问孩子在校的表现。谁知这个孩子在校纪律散漫，课堂上讲话又做小动作，影响周围同学听课，同学们都很讨厌他。他平时不做作业，经常被老师点名批评。班主任问及其父母是否在家时，该生总说父母出差未归。后来班主任老师了解到其父母从未出差，就立即进行家访，向该生父母讲了孩子在校的表现。该生父母听后一方面表示惊讶，同时又表示对老师的不满，说："老师，这怎么可能呢？我家孩子我知道，很老实，很听话，不会这样的。我们花钱把孩子交给学校，孩子在学校出了问题，这是学校老师的责任。"老师一听，意识到孩子父母在护短，于是简单地向他们说了家长同学校配合教育的重要性后便离开了。

一天上午，音乐老师来"告状"："这堂音乐课，夏×在下面总是嘀嘀咕咕说俏皮话，弄得大家发笑，引起课堂骚乱，无法上课。"班主任听了很是恼火，把夏×严厉地训斥了一顿后，接着打电话给他父亲，在电话里告了状，可是孩子的父亲在电话里却责怪老师老是找他孩子的差错，老师也在电话里埋怨他替孩子护短。就这样，电话里你一句我一句争执了一阵，不了了之。事后，老师想了想，双方不冷静，这样下去不是事，孩子会越来越差的。于是过了几天，等双方都冷静了，班主任再次走访夏×家。这次家访，老师让夏×在场。一开始老师对自己过去的不冷静做了自我批评，希望家长谅解。然后又列举了一些实例，针对夏×存在的主要问题向夏×提出要求和希望。在与家长诚恳交换意见中，劝导家长处理好爱与严的关系。最后，班主任希望家长多关心孩子成长，配合学校对孩子进行教育，对于自己工作中存在的问题他也希望家长提出宝贵的意见。家长听了老师对孩子实事求是善意的批评，很是感动，也作了自我批评，表达了内疚。就这样，通过调适，拨开了笼罩在教师和家长之间的迷雾。

　　案例中教师与学生家长的冲突是不可避免的，因为冲突双方都有缺点和不足。学生家长的问题：一是推托教育责任，对子女教育放任不管；二是为孩子护短。老师的问题主要是对家长尊重不够、态度不够谦和。虽说人无完人，但是作为人民教师应该用师德规范严格要求自己，主动搞好与学生家长的团结协作。

　　这个案例一正一反两方面的经验是值得我们借鉴的，它告诉我们：第一，教师与家长的谈话态度要谦和，语言要有礼貌，言词不可过激，不能盛气凌人，更不能把对学生的怨气发泄在家长身上。第二，对于埋怨学校，对教师有成见的家长，在与他们交谈时要努力表现出自己的真诚坦率和对家长的尊重，当然也要不卑不亢。要用诚恳的态度劝导家长处理好爱与严的关系。在指出学生的毛病时，要表现出自己对学生的关心和爱护，而不是"告状"。第三，对于把孩子的一切交给学校，对子女放任不管，孩子出了问题找学校、找教师算账的家长，教师在调节同他们的冲突时，要让他们懂得尽管学校教师尽责教育，但是，离开了家长们的配合教育，是不可能收到更好的成效的，说服他们负起教育子女应有的责任。

上面这个故事也告诉我们，家长的信任源于教师的努力。班主任在学生身上付出的汗水和心血，家长其实是看在眼里记在心里的，因为家长都盼着自己的孩子能健康成长，都不会与真心帮助着自己子女成长的班主任对着干。学校教育需要家庭教育的有力支持，班主任必须通过自己对学生的工作架起学校与家长联系的桥梁。家长的埋怨、不讲道理大多因为自己孩子糟糕的状态，对班主任工作、对学校教育的误解和不信任，只要我们把应该做的教育工作做到位，让学生一天天在进步，就一定能得到家长的理解、信任和最有力的支持。

避免和家长发生冲突

许多学生家长，常常无意识地袒护自己的孩子。学生行为不端，家长把孩子带到老师面前，讲许多客观理由。

这种情况不好，但很常见。

一是有部分学生，在家里和在学校表现确实不一样。家里要么环境很紧张，家长脾气厉害，在家里不敢乱动，因此在家里不敢做的事情，留在学校里做了。有的孩子本身就具有双重人格，在家里是乖孩子，脱离家长的视线，就不听话了。

二是学生犯了错误向家长隐瞒，不敢告诉家长。有位班主任曾经在班上使用过"有过错，自己跟家长说"的管理办法，让孩子自己主动承担责任，不向家长告状。如果有学生在学校里犯了错误，就要他自己回家跟家长说，家长写出纠正措施，由学生带给老师。这样有一个好处，就是在学生面前老师做到了不告状，树立了班主任不告状的好形象。但是实际上，学生说，那是要他们"投案自首，自投罗网"。加上家长水平不一致，有的学生向家长说了，家长反而暴跳如雷，不择手段惩罚孩子。时间长了，学生哪敢告诉家长呢？

等到学生出了大问题，把家长叫来，或者家长寻来了，自然就为自己孩子袒护。

三是部分家长对自己的孩子管理松，要求低。这样，孩子出了问题，他们不找自己的原因，老把责任往老师身上推。他们认为，"孩子是自己的好，自己的孩子是不会犯错误的"。这样，一有错，他们自然就要为自己的孩子袒护。

遇到学生家长护短的情况，班主任不可一气之下放任不管，更应避免与家长发生冲突。教育护短的家长可从以下几方面着手：

1. 用事实教育家长

班主任要向家长指出学生的缺点错误，事先必须深入细致地了解情况，应准确无误掌握学生犯错误的事实，不可模棱两可，似是而非。在事实面前，护短的家长心服口服之后，班主任应讲清同家长沟通，目的在于教育学生，而不应得理不饶人，使家长难堪。如果在事实面前家长仍然狡辩，班主任应避免与其针锋相对，应向家长郑重地提出，希望他以事实为依据，并指出护短的危害，另外再找机会进行沟通。

例如，在一次推荐优秀少先队员的班队课后，有一位家长来质问班主任为什么他的孩子没有选上，并且列举了孩子许多优点，特别强调他的孩子学习成绩在班级中是数一数二的。班主任听了这位家长的抱怨后，非常冷静。他首先肯定了这位学生的成绩，然后委婉地指出这位学生在校表现的不足之处，如经常逃避劳动，在同学面前非常高傲，不能与同学友好相处。这次优秀少先队员的推荐是民主选举，由于他平时与同学不团结，票数自然就少了。学生的家长听到这些话后，有点不相信他的孩子会这样，还强调孩子在家是如何如何乖，不过语气已没有开始那么强硬了。

2. 通过教育学生来教育家长

班主任要先做好学生的思想工作，使学生明辨是非，意识到自己的不足之处，然后让学生在家长面前自我检讨，从而间接地教育家长。如上例中，待家长走后，班主任找来那位学生。他对学生说：

"你是个好学生，但为什么评选优秀少先队员落选了呢？自己能总结原因吗？"学生红着脸，慢慢说着自己的缺点。班主任等他说完缺点后及时表扬了他能正确认识自己的不足，并且希望他以后改正缺点，也希望他把自己落选优秀少先队员的真实原因说给父母听。事后，班主任再次碰到这位家长时，家长很惭愧地对老师说："要不是这件事，我还不知道孩子在校表现有这些不足之处，真是要感谢你们老师呀。"

3. 引导学生家长互相教育

班主任可以有准备地让某几个家长在家长会上现身说法，阐明家长与学校互相配合的必要性。家长会上，让有经验的家长介绍自己的育儿绝招，选取报刊或杂志上成功家长的事例进行探讨。通过家长之间互相交流，共同探讨，促使护短的家长及时醒悟。

总有一种适合的沟通方式

家校之间随时随地的沟通，能够及时地发现和处理孩子的每一个细小的变化，给孩子信心，让孩子进步，使家长更加放松，学校轻松管理。但是，随着生活节奏的加快和各种各样的原因，有的家长成天忙碌，不易联络，该怎么办呢？

我们不妨先看下面这个案例：

又是一个清新的早晨，我信步走进教室，"把昨天的作业拿出来，四人一小组互相检查一下。"听了我的话，学生们开始翻找作业，以小组为单位检查起来。几分钟后，喧闹的教室渐渐恢复了平静。"各小组长汇报一下作业完成情况。"小组长纷纷举手汇报，但回答却如出一辙："老师，我们小组同学全部完成作业。"咦，今天是怎么了，莫不是太阳从西面出来了？想想从开学到现在，无论留多少作业，总有个别写不完的、忘带的、不知丢哪里去了找不着的，可今天的作业为什么完成得这么好呢？噢，我忽然想起来了，原来昨天我利用"家校e联"给每一位家长发了一条手机短信，内容是希望家长协助检查一下家庭作业，从而促进学生学习习惯的形成等。怪不得呢，看来这一招还真灵！

初次尝到了甜头，我深刻认识到了与家长及时沟通的重要性及必要性。沟通，其实真的可以建立起一座家校联手对学生进行教育的桥梁！

换位思考一下，其实每一位家长都是望子成龙、望女成凤的，都希望能够及时了解孩子在校的各方面情况，并及时教育，及时补救，但有时又不好意思给老师打电话询问孩子情况。白天打吧，怕影响老师繁忙的工作；晚上打吧，怕影响老师正常的休息。而老师又该怎样与家长沟通？叫家长来校吗？于情于理于心不忍；打电话吧，如果没有极特殊的情况，一个电话打过去，影响了家长正常的工作不说，家长还以为有什么大事，心慌不已，而实际上只是鸡毛蒜皮的小事。给特殊学生打吧，今天给这个学生打电话，那个学生又不好了；给那个学生打电话，这个学生老毛病又重犯了，真是无休无止、绵延不绝！全班三四十名学生，老师需要打多少电话才能全部沟通完啊！

我曾为此感到深深的苦恼和疑惑，与家长沟通的不畅会使我们之间产生很多误会，不利于孩子的教育和发展，既然这样，何不另辟蹊径呢？于是，我根据家长的具体情况，有邮箱的就把孩子在校各方面的表现情况发到他们的邮箱里；有QQ号的，就与他们进行网上交谈，告知孩子的表现，共同探讨孩子们的教育问题，我还经常利用手机或家校e联给家长发短信进行沟通。家校的有效沟通传递了老师对学生的关心、鼓励和爱护，使家长清楚孩子在校的表现，为孩子的进步而欣喜，为孩子的不足而担忧，使家庭教育做到有的放矢。这样，沟通的渠道拓宽了，沟通的范围更广了，教育的效果明显了，真正达到了教育的目的。

我们班有一个小男孩，长相乖巧，聪明伶俐，很讨人喜欢，但他有一个致命的弱点：无论干什么都磨磨蹭蹭，原本一个小时就能完成的事情，他却一天也做不完，浪费时间的现象非常严重。为了帮助他改掉这个坏毛病，我是绞尽脑汁、费尽口舌，仍收效甚微。怎么办呢？孩子的父亲也认识到了这个问题的严重性，为了早日帮他改正缺点，我们进行了"约法三章"，每天我会通过邮箱把他今天在校的珍惜时间情况发给他的爸爸，他爸爸把他在家里的珍惜时间情况再发给我，我们都忘不了给予他几句表扬和鼓励的话语。我们及时的表扬与肯定，促使他在各方面突飞猛进，不断进步。由于我与他家长及时的沟通，在家庭与学校间形成了及时的信息反馈，在我们的共同努力下，他原有的一些不良习惯正一点点地在转变，现在他能做到抓紧时间努力学习了，学习成绩也有了很大的提高，这个学期他还被大家选为生活委员，进步的决心更大了。魏书生说过："不能奢望在学生的心田里撒几粒种子，淌几滴汗水，就能收获丰硕的自我教育的果实。只有日日夜夜、点点滴滴地坚持下去，学生自我教育的步子才会越走越坚实。"是的，我深深地懂得"莫问收获且看耕耘"的道理，我会继续与他的家长紧密沟通与配合，共同教育好他。

家长、老师在孩子的成长历程中共同扮演着举足轻重的角色。家长和老师的良好沟通，将对孩子的教育产生深远的意义和明显的效果。然而，目前教师与家长之间沟通意识不强、沟通技能低下、沟通渠道不畅通等问题正变得非常突出和普遍。这不但不利于孩子的健康发展，也直接导致了家长与班主任关系的恶化，甚至导致尖锐的冲突。因此，增强沟通意识，畅通家校沟通渠道，成为学校教育的当务之急。

家长与老师沟通的方式多种多样，学校与家庭之间可以通过媒介和人际交流来传递信息，如家校报、便条、家校手册等。通过媒介来传递信息，尽管是单向的交流方式，但可通告家长学校的计划和日常活动。人际交流是家校之间的双向交流，如家访、家长会、电话访谈等，这种方式有利于家长对老师发出的信息作出反应，并将他们所了解的情况、关心的问题和心中的所想反馈给学校，这些都是传统的家校沟通方法。随着现代电信技术的发达和网络技术的发展，家校之间的交流发生了许多变化。案例中的班主任根据家长的具体情况，在实践中探索出更为实用有效的方法，采用邮箱、网上交谈、手机短信等方式与家长沟通，做到了方便、及时、准确，不仅受到了家长的欢迎，而且运用在教育孩子的过程中，也取得很好的效果，值得我们借鉴。

直接说"不"不是好的方式

我们先看一个案例：

临近期末，有个家长来到学校。看样子很不高兴，一看到班主任，二话不说，劈头就问："刘老师，为什么这次评先进没有我家小林的份？她虽然成绩不是特别优秀，但也还不错；虽然不是班干部，但对班级还是很关心的；虽然有时候有些淘气，但大部分时候还是很乖的。你说是不是啊？"班主任被问了个措手不及，后来才慢慢弄明白，家长是对评先进问题有意见。班主任只好跟他讲："这个先进，是我们学生自己民主选出来的，不是老师内定的。"没想到那位家长马上就反驳说："可是，××各方面跟我们家小林是差不多的。为什么他就能选上呢？我女儿昨晚一直哭，晚饭都不肯吃。今天还不愿到学校来呢，你说怎么办呢？"

"××能被选上是因为他的美术特别好。所以大家都推举他为特长生。"家长的脸色还是不好看，说："小林也有音乐特长，同学们评的会不会有点不公平啊？"班主任又继续跟他讲："同学们的评选不会不公平的。小林确实非常聪明，但由于各方面条件比较优越，在家里你们又特别喜欢她，所以在学校里不喜欢听批评的话，经不住挫折的打击，有些方面还不成熟，所以没有被选上是正常的。"家长软话硬话不停地说，老师有些不耐烦了，干脆一针见血指出了问题。听了这话，家长才心有不甘地回去了。

个别家长往往凭自己的地位和权力向班主任提出给孩子特别关照的要求，由于他们地位的特殊性，一旦让他们提出要求，班主任则会处于被动。上面案例中，家长向班主任直接抛出了一个难题，班主任在措手不及的情况下，不仅直接拒绝，而且态度不耐烦，语言一针见血，这不是解决问题的最好方式。

由于我们的社会始终对校园里的学生予以关注，所以各级各类学校每年都要评选出若干"优秀"、"先进"、"三好"学生，予以表彰奖励，一些地区对获得省、市级优秀还给予高考加分等各种各样的优惠。这些称号逐渐与孩子的前途挂上了钩，所以有些家长对于这些名誉非常在乎。班上一旦出现评优情况，家长们就会格外关注。上面案例中，家长就是认为班上评优不公平，而找班主任理论。对于家长的这些心态，老师如果处理不好，表现出不理解、不耐烦的情绪，会伤害家长的感情，也会打击学生的积极性。

再看下面这个案例：

快期末了，家长到学校打听孩子的情况。家长："李老师，学期快结束了，我来看看孩子的学习情况，她各方面还不错吧？"李老师："哦，是××的家长啊！您好您好！××本学期各方面都表现挺好的。"家长："距'三好生'可能还有差距吧？"李老师："我看啊，如果学习上再加把劲，对班级的事再多关心一些，下学期同学们一定都会投她的票，她也一定会给你带回'三好生'的奖状。这不，这学期就差这么几票，我真为她可惜。别急，下学期再来。"家长（虽有些失望但仍不失希望地）："是这样啊，谁叫孩子还差一点点呢？好，谢谢老师啦。以后请您多关照啊。"李老师："××是个不错的孩子，我会继续关心她的。"

原来，班主任从家长的谈吐中知道，该家长来的目的是为让孩子当上"三好生"，便来了个主动进攻，拦住话题，既婉言拒绝了家长未提出的要求，又给了家长能实现目标的希望，是处理得较好的案例。我们知道，由于所提要求的不合理性，一般家长难以直接表露。班主任如果可以拦住话题，防患未然，就可以争取主动。如果没有敏锐地意识到家长的动机，一旦等家长提出了要求，班主任再直言表明拒绝的态度，就算不会直接损害家长与老师的关系，家长总会在心理上有一些不舒服。

除了上面两种情况，班主任在碰见家长提"不合理"要求时，还要注意设身处地，给家长台阶，不要在言语上起冲突。

学期结束时某学校评"市级三好学生"，有个平时表现较好的学生没有被评上。家长生气地找到班主任，说学校偏心，不服结果。班主任没有针锋相对，她先把学校给班级评"市级三好学生"的要求一一讲给家长听，并对照该学生的条件一一给家长解释。渐渐地，该家长语音变低了。班主任见他气势下降，好像有悔意，便接着说："其实，也不能怪您生气，毕竟评优对孩子的前途挺重要的，您不了解情况，再加上社会乱评的现象不时出现，谁不疑心呢？不过，我们学校评优都是公平合理的。我知道，××平时在学校非常优秀，如果下次有机会，××肯定还有希望的！"此刻，家长已经变生气为感动了，忙说："原来是这样，那我叫我们孩子再努努力吧！打扰您了。"说完，不好意思地走了。

有时，家长提出不合理的要求往往是一时冲动，要他们马上收回意见，则难以做到。此时，班主任可设身处地，给家长台阶，帮他们解脱。上面案例中，为什么家长满脸怒气而来，满面笑容而去呢？重要原因就在于班主任在讲明情况后及时给家长找台阶：一是学校评优条件复杂，家长不了解情况，不放心是可以理解的；二是社会上评优不公平的现象不时出现，难免让家长疑心；三是对孩子寄予了希望。这三个台阶使家长缓步而下，使事情得到了圆满地解决。

想发不义财，就别当教师

在人们的印象中，学校是一方净土。然而，在"拜金主义"等不良风气的冲击下，学校也变得浮躁不安。不知何时，请客送礼之风吹进校园，迅速蔓延，并悄然变质。起初，还只是贺卡到保健品，再到烟酒、化妆品、高档手机等，吃的、用的、穿的都有，还有直接送红包的。刚开始是学生给老师送，后来干脆由家长代劳。送礼对象主要给班主任或者是语数英等"主科"老师。近些年来，越来越盛的校园送礼问题，怎么都难以看成是对老师真挚情感的真实表达。孩子给老师送礼的目的大多非常纯洁，而家长呢？送礼就未必完全出于对老师的爱，讨好、攀比等成人化的动机会隐藏在其中。送礼之风一经个别人带起，师生间正常的、高尚的感情就被掺了沙子。在这种情况下，老师可能会对相关的学生多些"关照"。因为请客送礼，学习不努力、表现差的学生竟被评为"三好生"，使得学校公正的天平失衡，竞争向上的气氛荡然无存；因为请客送礼，使得孩子攀比心理加重，虚荣心剧增，"有钱能使鬼推磨"的思想在孩子心中扎根……这些无疑将污染孩子纯洁的心灵，影响孩子的健康成长。

面对家长送礼风，我们应该怎么办？

首先，加强自身修养，抵制歪风邪气。

"教师本人是学校里最重要的师表，是最直观的最有教益的模范，是学生最活生生的榜样。"要像教育家第斯多惠所说的那样，做好为人师表。

学校无小事，事事皆教育；教师无小节，处处当楷模。教师应守住道德底线。不收受学生的礼物。因为教师面对的是需要对其品行进行塑造的"花朵"，如果这些"花朵"从小就缺少好土壤的滋养，从小就受到不良风气的"侵蚀"，那后果将是可怕的！有一学生，其家长从事餐饮业，这位学生因为多次目睹一些单位"管事人员"要求他父母"虚开发票"的行为，所以对"腐败行为只是社会

65

支流"的观点怎么也无法认同，任老师怎样解释，都难以消除他心中的"烙印"，可见耳闻目睹的社会现实对未成年人的影响有多大。如果教师收受了家长或学生所送的礼品，形象必然受损，学生对我们的信任度必然降低，继而就会影响教育效果。古今中外名垂青史的教育家，无不具有高尚的品德。世风不纯，不意味着教师就可以随波逐流。教师固然清贫，但一定要从自我做起，抵制歪风，绝不能带头击碎道德底线。

其次，要牢记拒绝从第一次开始。

一所重点学校的吴老师说："教师收礼是作茧自缚。当一位家长送你礼时，如果你没有拒绝，从那一刻起，你就无法言行一致地倡导平等和公正了。你的良知和正义不允许你对那位家长的孩子特别关照，但你在批改作业时、上课提问时、安排座位时……那份礼物总会在你脑子里冒出来，你的工作就不那么从容和自由了——你由一个受人尊敬的教师沦落成了礼品的奴隶。也许有教师说：'我可以做到边收礼边平等。'我不信有这种人，即使有，那他收人'香火'，却没有替人'消灾'，不也同样要接受良心的拷问吗？"

如果第一次没有拒绝，自然会有第二次、第三次，而且世上没有不透风的墙，学生之间也有交流，在他们头脑中自然会形成这样的印象，我们的老师对某某这么好，就是因为收受了他家长的礼物。教师要时刻记得自己的一举一动都将左右和影响着学生。不要破坏自己在学生心目中的形象。

当然，学校和教育管理部门应该发挥效能。

杜绝家长请客送礼，仅仅依靠教师的自觉是不行的。要从根本上刹住此风，学校和教育管理部门是关键。相关部门必须拿出切实有效的办法，在加强师德师风教育的同时，靠制度斩断教师索要钱物的黑手，还校园一个纯净的天空。有位校长曾说过这样让人深思的话："不接受家长宴请，不收受家长礼物，不利用家长办事，学校把它看作是关系到每个家庭切实利益，关系到教师形象，关系到我们民族未来的大事。什么时候请客送礼之风在校园销声匿迹了，什么时候我们的校园就开始纯净了。"

有人认为："现今校园里的确有了滋生腐败的温床，可我们也不能因噎废食，对学生给老师送礼一概予以否定。我认为下面几种礼品老师可以收取。一是为了表达对老师的感激或体现纯洁感情，有纪念意义同时价格又不昂贵的礼品。这样的礼品，不是为了拉拢、收买老师，想在老师那里得到不正当的好处，对此，老师不仅要收，而且还要精心珍藏。二是学生步入社会，有了自己的收入后送的礼品。三是为了酬谢老师的栽培，学生自己动手做的礼品。所谓'千里送鸿毛，礼轻情意重'，这样的礼物能不收吗？总之，不是为了走歪门邪道，而是为了表达师生真挚感情的礼品，老师应该收取。而那种为了达到某种不可告人目的而送的礼品，则坚决不能收。"

著名教育家陶行知先生有一句名言："捧着一颗心来，不带半根草去。"随着国家经济的不断发展，国民素质的不断提高，国民收入的持续增长，教师的待遇也在逐步改善。虽然我们不必再像古人那样"安贫乐道"，但是不要忘记，无论什么时候，我们都应该是无愧于祖国的人民教师。

评价科学化、技巧化

课堂教学中如何评价学生才能取得良好的效果呢？归根结底，评价需要教师有一双"爱"的眼睛，发现每一个学生的闪光点；评价需要教师具有一颗独具的匠心，探寻到合适的评价方法；评价需要教师在心里装着所有学生，激励他们不断进步，鼓励他们健康成长。

请蹲下来看学生

我们先看一个案例：

在一次野餐活动中，我发现郊区有许多野菜可供食用，据记载，野菜（如荠菜、马兰）味道鲜美，营养丰富。我把这一情况告诉了302班学生，学生对此产生了极大的兴趣，于是以"开发研究周边野菜"为主题的研究性学习开始了。班主任李老师是这一活动的主要负责人。他把全班学生分成八个行动小组，利用一个月时间，分四个阶段进行。第一周的星期一下午，各小组同学正在收集组内成员采集的野菜，准备送学校检验。第六组的组长告诉李老师，他们组的张明同学（以下简称生）哭了。

师：你为什么哭？

生：我没有采集到野菜，同学们说我一颗星也不能得。

师：你没有去采集，没有完成任务，是不能得星的呀。

生：我也去采集了，昨天找了好多地方都没有找到，原来是因为我不知道荠菜长什么样的。

师：噢，原来如此，现在你知道了吗？

生（高兴地）：我看了同学们带来的荠菜和马兰，已经知道了。

师：那你今天能找到野菜吗？

生：能！放学后，我让爸爸开车送我去，保证能找到。

师：那行！老师给你说情去，让你们组先等一下，等明天你的荠菜采来了，再一起送学校检验。

生（笑）：太好了！谢谢老师。

星期二早上，李老师刚进教室。小组长就跑来说，张明又没挖到野菜。李老师看见张明正趴在桌上哭。

师：张明，昨天没有去挖野菜吗？

生（委屈地）：去了，昨天，我和爸爸在郊区找到了荠菜，只不过出发时太匆忙，忘带工具了，用手一挖，全碎了。我和爸爸又去附近小店里买了剪刀，继续找，可一会儿天就黑了，看不清楚，结果一棵也没有挖到。

师：是这样啊！老师相信你如果带工具的话，今天一定能带野菜来，现在是不是很后悔？

生：是的，假如在出发前仔细检查一下是否带工具，就一定能采到野菜。

师：是啊，做事之前要做好准备工作，就凭你懂得了这一道理，就可以得到一颗星，要得到三颗星也不难，还有一天时间。

生（破涕为笑）：我知道了，我已经准备好工具了。

星期三一早，李老师刚进学校大门，就看见张明同学拎着两只鼓鼓囊囊的塑料袋站在校门口。

生：老师，我采的荠菜和马兰！你看！

师：祝贺你！你辛苦了！

生：没关系，（又递给老师一本日记本）老师，这是我昨天写的日记。（说完他开心地笑了）

李老师连忙打开日记本看了起来，日记里张明不仅记录了这三天的经历，还详细写了自己的内心感受。最后用整整大半页纸，表达了对老师的感激之情：谢谢你，老师！没有你的宽容和等待，我肯定会放弃挖野菜的；谢谢你，老师！没有你的提醒和激励，我根本无法品尝到挖到野菜后的喜悦。老师，是你让我明白了，做事之前要做好充分的准备工作。看到这里，李老师一阵感动，拿起笔写下了："孩子，请记住，挖野菜过程中的种种体验比挖到野菜更重要，更有意义！"李老师边说着边把两颗星送到了张明同学的手中，从张明灿烂的笑容中，李老师仿佛看到了他跳动着的金子般的心。

以上案例中，如果李老师高高在上，没有蹲下来与学生交流、询问具体情况，只注重结果，不注重过程，那么，一个充满热情的学生的积极性就会受到打击。而李老师却能在学生沮丧时，帮他找回信心；在学生失望时，帮他总结教训；在学生开心时，引导他体验成功。李老师的高明之处就在于他能蹲下来与学生交流，站在学生的角度思考问题，没有过分注重结果，而是注重了学生活动过程中的成长。

我们在教育教学中，如何才能做到像李老师那样关注过程中的收获，从而激励学生不断进步呢?

1. 要突出评价的发展性功能

评价的发展性功能集中体现了"一切为了学生发展"的教育理念。学生处在不断变化发展中，在学习过程中出现这样那样的问题是正常的，教育的意义在于引导学生发现问题，解决问题，以促进学生不断发展和完善。在实际操作中，应根据学生的具体情况，判断学生学习过程中的优势和不足，给学生提具体的、有针对性的改进意见，不要简单地给学生一个明确的答案，更不是给学生一个等级或分数并与他人比较，而要更多地体现对学生的关注和关怀。

2. 要关注个体差异

每个学生都具有不同于他人的素质和个性，都有自己的爱好、特长和不足。学生的差异不仅指学习成绩的差异，还包括生理特点、心理特征、兴趣爱好等多方面的差异。这使得每个学生发展的速度和轨迹不同，发展的目标也有所不同。关注个体差异要根据学生的具体情况正确判断每个学生的不同特点及其发展潜力，为每个学生提出具体的适合其发展的有针对性的建议。

3. 要体现评价的过程性

突出评价的过程性，即通过对学生发展过程的关注和引导，在一定的目标指引下通过评价改进教学，不断促进学生发展。老师要收集反映学生学习生活状况的数据和资料，并保存表明学生发展轨迹的资料。根据资料和学生的具体情况，指出学生发展变化中的优势和不足，提出具体可行的合理化建议，充分发挥评价过程对学生的帮助和促进作用。

总之，要真正体现评价的过程性，实现评价的发展性功能，要求教育者蹲下身来，与学生"平起平坐"、"同甘共苦"。只有这样，教师才能了解学生的个体差异，了解学生在发展过程中遇到的具体困难、具体情形，才会设身处地为学生着想，提出具体的建议，并给予及时、有效的指导。

别让表扬成为教育的点缀

有一位学生，在班主任眼里印象不佳，既调皮捣蛋又不爱学习，打架、旷课、迟到都是常事。班主任坚信"没有教不好的学生，只有不会教的老师"，决定对他多加表扬和鼓励。有一次作文课，班主任发现这位学生的作文写得很长，批改作文时就对他大加赞赏说："你长大了一定可以成为一个作家!"令老师失望的是，学生拿到作文并没有显得很高兴，甚至还有些反感。原来学生的那篇作文，上面全是错别字的红圈，语言也颠三倒四。很显然，学生对自己的写作水平还是有自知之明，老师的表扬对他没有什么触动。

诸如此类的表扬有好几次，这位学生依然我行我素，没有转变的迹象。这位班主任无奈地叹息道："表扬对后进生转化根本没用。"

表扬学生，难道不对吗? 我们再来看另一个案例，希望班主任能从中找到答案:

一次语文课，我请一位后进生背诵贺知章的诗歌《咏柳》，很简单的四句诗，他还是背错了，将"万条垂下绿丝绦"背成"万柳垂下绿丝绦"，马上有学生指出来。我正想责备他，突然灵机一动，就将错就错地说："妙，改得好!"看着一脸茫然的他，我问道："告诉老师，你怎么想?"他老实说："我明明背诵错了，老师为什么说我改得好。"我笑了："你很诚实，那你想想，老师为什么表扬你?"他不做声，于是我让全班讨论："这样改到底好在哪里?"一番讨论过后，我还是请那位学生来发言，他激动地说："我明白了，'万条'只是'几棵柳树'，'万柳'则是'千万棵柳树'，更能显示春天的勃勃生机。"我正要给予肯定，他又接着说："老师，都怪我平时不努力，不知道理解记忆。"他居然能自觉认识到错误，真是出乎意料，全班学生热烈为他鼓掌，他也满脸欣喜。从那以后，他逐渐有了进步。

案例给人的启示是很大的。表扬作为一种正面评价方式，一定要适当，而且必须真诚。缺乏真诚、夸大的表扬，尽管好听，却难以有好的效果，甚至适得其反。

从表面上看，表扬之所以失去了效力，是因为教师表扬的方式不当，或者没有把握好表扬的时机或分寸。从根本上说，是教师的教育教学理念还有所欠缺，从而对"表扬"的本质缺乏正确认识。

诚然，表扬能够促进学生的进步，但表扬绝不单纯是说好听话，也并不是只要说好听话就能让学生喜欢。表扬既要体现对"正确"的赞许，也要包含对"错误"的善意指正，这样才能有益于学生的成长。

在评价学生时，请正确认识表扬，不要让它成为教育的点缀。

从多角度评价学生

在一次校升旗仪式上，大队辅导员读了一封来自社区的表扬信：

3月12日，大雪普降甬城，给城市的交通、市民的出行带来了许多不便。新河小区的一幢居民楼里，过道的积雪已有一尺多深了，只见几个小朋友拿着扫帚、铲正在清扫楼道。红领巾在他们胸前飘扬。他们扫了一个多小时，鞋子湿了，袜子湿了，脸上渗出了汗珠。他们做了好事却不留名，经过我们多方了解才知道是你们学校504班的小杨、小露和小云（化名）同学，他们真不愧是新一代的小雷锋啊……

大队辅导员还没读完表扬信，这三个同学的脸早已红到了耳根，不好意思地低下了头。

这三位同学都是504班的学生，当社区主任向班主任了解情况时，老师一下子愣住了，是那几个"捣蛋大王"吗？他们平时不是打架就是骂人，他们真的做了好事不留名？该不会搞错了吧？……

一连串的问题在老师的脑海里打转。后来经过了解，证实是小杨带头做的。

提起小杨这个孩子，很多老师、同学都会摇头。可能是家庭的原因吧，他从小生活在一个很复杂的环境中，久而久之就把社会上的一些坏习气带到了学校。他人际关系处不好，动不动就对同学拳脚相加。一学期下来，被他打过的同学已经不下 5 个了。为此，老师也采用了多种方法教育他，和他谈心，找心理辅导老师协助，和家长联系，但收效甚微。久而久之，老师和同学们自然把他定位在了"坏孩子"的角色中。经过这件事，让老师对小杨刮目相看。在校他也许称不上是一个好学生，但在社区他却是一个好公民。老师却因为他在学校的不良表现，把他划为"坏孩子"，而忽视了他身上的闪光点，这对他来说是不公平的。

从上述案例中，我们可以得到这样的启示：评价一个学生不应该局限于某个方面，而应从多角度多方面考虑，以此促进学生的个性发展。如果，在平时的教育教学过程中，班主任能让每个学生的优点都能闪光，那么学校就会成为学生驰骋个性的乐园，教师就会成为学生倾诉衷肠的知心人。

总的来说，多角度的评价要求教师倡导学生做到以下几点：

1. 在校做个好学生

"分分分，学生的命根。"以往，我们对学生学业成绩的评价往往取决于他的考试成绩，而忽视了学生其他方面的发展，这样的评价是片面的。因此，我们对学生在校的评价，关注的不应该只是学业成绩，还应包括道德品质、公民素养、学习能力、身心健康、创新精神等基本素质。教师不应该仅仅通过学习成绩这个终结性评价结果来衡量学生好坏，教师应更加关注学生平时的学习行为习惯这个过程性评价，注重对学习态度、学习情感、学习兴趣等方面的评价。比如，帮助引导学生上课专心听讲，积极回答问题；课后自觉完成各项作业（书面的、口头的、实践性的）；遇到挫折不退缩，肯钻研等等。

其实，类似案例中小杨这样的学生还有很多。例如，小宋的学习成绩在班级里是比较差的，但她却有着一颗关心集体的心。教室的地面脏了，她会默默地拿起扫帚把它清扫干净；学习园地的作品掉了，她会悄悄地用胶水把它粘好。记得有一次班上有一个同学身体不舒服，吐了一地，其他同学直捏鼻子嚷嚷"好臭，好臭"，只有个子小的她一声不响拿来拖把清理起来，在她的带动下，好几个同学也拿来了拖把……小楠，学习成绩不怎么样，但是她的二胡拉得很出色，是众多学习二胡的同学中唯一能坚持下来并考到八级的，多么不容易啊！所以，我们老师在期末写评语的时候应该从孩子的各方面来评价他们，不能只看到他们的缺点而忽视了他们的优点。

2. 在家做个好孩子

一个孩子在校的表现也许不尽如人意，但是这并不意味着他在家里不是个好孩子。现在的家庭大多是独生子女，娇生惯养使他们养成了许多坏习惯。但是，小惠同学却是妈妈的好帮手。做饭、扫地、洗衣服，她几乎样样都行，连她的班主任小李老师也自叹不如。在和她的一次谈话中，李老师知道，原来她爸爸妈妈的工作十分繁忙，平时无暇顾及她。慢慢地，她学会了自理，而且能帮父母承担一些简单的家务事。难怪，每次提起小惠，班上很多学生的家长都会竖起大拇指，把她作为教育自己孩子的榜样。

要评价孩子在家的表现，家长是很关键的因素。我们首先要改变家长的观念，通过教师与家长的交流，让家长认识到，对孩子的教育不能仅仅局限于孩子在校的表现，平时在家、在社区的表现同样重要。要改变家长以往"只要孩子学习成绩好，家务事父母一肩挑"的思想，加强他们对孩子生活自理能力，以及爱心、孝心和社会公德心的培养；提倡孩子孝敬长辈，注重亲情培养，强调生活自理，帮父母做力所能及的家务等；克服骄横、自私、懒惰的坏毛病，让孩子意识到自己是家庭中的一员，有责任承担一些力所能及的家务事，学会体谅父母。

3. 在社区做个好公民

老师、家长往往过多地关注孩子在校、在家的表现，忽视了他们作为社会的小公民在社会上的表现，其实这一点很重要。随着城市的建设和发展，社区成了越来越多的公民的活动场所，对青少年来说，社会更是一个在校外施展自己才华的大舞台。我们应该重视学生的社会实践活动，培养学生的公民道德意识。教师要经常有意识地引导、帮助学生规范自己的言行，全方位检查自己的行为，消除在校、在家、在社区表现不一致的"多重人格"倾向，促进他们全面发展。

为了能客观、准确、真实地评价学生，教师必须发挥连接学校与社区的桥梁作用，利用社区教育资源，如文化长廊、黑板报、图书室、健身园地、宣传标语等，让学生了解社区的人文环境，融入社区生活，并积极参与到社区活动中去。比如，承包一块社区"责任田"，开展爱绿护绿活动；进行环保宣传，清除白色垃圾等。教师要为学生搭建实践平台，在实践过程中培养学生的社会责任感，促进学生综合素质全面优化。

给评语换张脸孔

评语是教学评价的一部分，它作为对学生分数评价的再评价，比单纯的分数更能说明问题，因此也更被学生和家长看重。它不仅是对客观分数的一种解释，而且是教师对学生的态度、期望水平和要求的总汇。

学生评语是班主任对学生实施评价的一种重要手段，是定性评价的具体体现。心理学家威廉·詹姆士说过："人类本质最殷切的需要是渴望被肯定。"人人都有优点，教育中缺少的就是善于发现优点的眼睛。班主任要时刻关注学生的发展与变化，敏锐地发现学生身上的闪光点，这对激励学生发挥优势、避免劣势有着至关重要的作用。正如苏霍姆林斯基所说："教师要善于在每一个学生面前，甚至在最平庸的、在智力发展最感困难的学生面前，都向他们打开他的精神发展的领域，并使他能在这一领域中达到一个高处，显示自己。宣告大写的'我'的存在，从人的自尊感的源泉中吸取力量，感到自己并不低人一等，而是一个精神丰富的人。"这就决定了班主任对学生的评语不可过于笼统，而要温馨化、细节化、个性化，这样的评语也才能吸引人。

1. 温馨化评语

温馨化评语就是用真实的、贴近学生的话语来评价学生。这种植根于现实生活的温馨化评语，会使学生感受到老师对自己的关注和爱护，从而使学生感受到生活的美好，进而对生活充满希望。

请看下面的评语：

你有礼貌，能和同学们友好地相处。上课时，你总是认真听讲，积极举手回答问题；运动场上，你矫健的身姿、拼搏的精神、夺冠的斗志，感染着班级的每一个同学；劳动时，凡重活、累活，你总是抢着去干。可真正的强者不仅要有健壮的体魄，还应该有丰富的知识。相信你会把运动场上的拼搏精神用到学习上，给我们一个又一个的惊喜！

你虽然不爱说话，但你的内心世界好丰富、好多彩！我从你的作文中看到了你的才华。如果能大方地口头表达你的思想，那就更好了。你可以做得更出色的，试试你就知道了。

善良的孩子最让人欣赏，恰好你就是；乐观的孩子最惹人喜爱，恰好你也是；懂事的孩子最值得称赞，恰好还是你。课堂上，你总是专心致志。翻开你的作业本，字体那么有力、整洁，更是让人赞不绝口。你不喜欢表现自己，上课发言不多，老师希望你今后能够在这方面有所改进，上课大胆发言，锻炼语言表达能力，增强自信心。

看见你有条不紊地进行每天的学习、工作，看见你与同学热烈地争论问题或从球场上大汗淋漓地回到教室，看见你健康快乐地学习、生活着，真是有说不出的高兴与欣慰。你自己是否也体味到了目标明确而带来的充实的感觉，愿你保持目前良好的状态，为理想的实现继续努力。

温馨评语是一种尊重生命的表现，是用一种尊重生命的语言揭示生命的可爱、可贵和可敬，同时也揭示生命成长、发展过程中所存在的问题，更是鼓励和引导学生勇敢地面对生活的挫折、压力和不尽如人意，以及勇敢面对生活的挑战。只有尊重生命，才能真正尊重学生的人格，才能使学生树立起自尊和自信。温馨化评语，一方面激发了学生的生命潜能，提升了生命的品质，捍卫了生命的尊严，使学生个体生命的价值得到了充分的体现；另一方面，认可了学生是一个个有血有肉、实实在在的个体，是有着生命理想、生命追求和生命憧憬的人，也是有着苦恼、烦闷和困惑的人。

2. 细节化评语

实现对学生评价的细节化，要求班主任时刻关注学生，真正从细小处挖掘学生潜藏在内的特质。班主任要在每个学期对几十名学生进行评语鉴定，繁重的工作量容易使人产生倦怠感。于是，许多评语按照模子来，大同小异，既没有针对性，更缺乏细节描述。这种评语很难获得学生的认可，在学生发展与成长中也收效甚微。而有的班主任在细节处的细致入微，常常能够感动学生，让学生觉得自己真正地受到关注。细节化评语容易获得学生的共鸣，容易实现与学生的沟通，同时会有效地获得学生的反馈，形成一个良性的互动系统，从而增强育人的效果。

请看下面的评语：

你是一个很有思想的学生（但愿我们能成为真正的好朋友）。元旦前的一次长谈，使我深受启发。在此，我真诚地说一声："谢谢！"你的学习一直不错，但不知为什么，总是不太冒尖。我们最好共同探讨一下，争取找出原因并加以解决。另外，你的体质不太好，要加强锻炼，寒假里别忘了坚持锻炼，好吗？

足球场上的你，飞一样的速度和左脚凌空射门的高超球技真让人欢呼不已；晚会上的你，浑厚的歌喉引来雷鸣般的掌声。把足球场上的风采、晚会上的热情也放在学习上吧，老师相信你学习同样会很棒！

案例中的老师在写评语时并没有草草了事，而是连学生的各种特长都知道得很详细，让学生感受到自己并不是在一个无人注意的角落里，而是一举一动都在老师爱的目光的注视下。

3. 个性化评语

每个学生都有自己的个性特点，正如美国教育家古德莱德所说："学生各不相同，其不同的程度远远超过了我们至今所能认识到的……学生是很难把握的。他们不会同样地成长起来。"个性化的评语能充分体现每个学生的个性，具有很强的针对性、感染力和鼓舞性。要求班主任的评语针对每个学生的性格特点、兴趣爱好和气质特点等，采用富有感情的、诗化的语言肯定学生的点滴进步和成就，并委婉地指出学生有待改进的问题，让学生感受到自己的独特，感受到老师对自己的关爱和殷切期望。

请看下面的评语：

你说"我生活在郁闷的空气里"。但是，我从你的文章里读出来的是你冲天的才气。你不是挺喜欢那首"不经历风雨，怎能见彩虹"的歌吗？人生处处都会有失败，关键在于失败后能否鼓起自信的风帆，只要你肯走出郁闷的天空，什么困难都会被你踩在脚下。"乘风破浪会有时，直挂云帆济沧海。"

老师欣赏你的灵活，你朗读课文的音色真棒！要是你为人处事时能对他人多一份宽容、多一份谦让，那你会更好。

个性化的评语是通过对学生闪光点的挖掘和鼓励，使学生树立对学习、对生活的信心和勇气。它针对不同的学生采用不同的方式，不以学生的成绩作为唯一的评价标准，更关注学生的个性特点及心理的健康成长等。

班主任在写个性化的评语时，可以根据学生不同的个性特点和实际需要加以点拨，或鼓励，或希望，或委婉批评。一句平常话，一件平凡事，一个令人难忘的眼神，一次成败的经历等等，都可以作为评语的切入点。

给学生写评语，是班主任工作的重要内容。用评语正确评价学生，可以帮助学生正确地认识自己，看清自己的长处和短处，建立自信，发挥潜能，不断进步；可以帮助家长了解子女的在校情况，配合班主任共同搞好学生的教育管理工作。所以，在观念上确立全面发展的评价理念，在具体落实时贯彻科学规范的评价技术，将引领新时期班主任工作走上一个新台阶，从而培养出有思想、有个性、有创新精神的一代新人。

融入幽默元素

幽默是什么？它是一种特性，一种引发喜悦、以愉快的方式娱人的特性。而幽默感是一种能力，一种了解并表达幽默的能力。幽默是一种艺术，一种运用幽默感来增进你与他人关系的艺术。幽默不仅要使人发笑，同时还要有意味。真正的幽默，应该是机智百变，妙趣横生，让人越琢磨越捧腹，而且有茅塞顿开般的启悟。反之，就降格为插科打诨了。幽默是才智积累到一定程度的自然发挥，是反应训练到一定程度的自然表现。它比笑更有深度，其产生的效果远胜于咧嘴一笑，它是一切奋发向上者所必不可少的力量。有人认为，幽默就像抓痒，抓轻了，不痒；抓重了，会痛。没有内涵、不懂推理的人不懂幽默；没有机智、急智的人，更表现不出幽默。古人云："教人未见意趣，必不乐学"。教师写评语亦是如此。创造自己独具个性、有趣的幽默式评语，可以促使评语变得柔韧灵活，能更好地解释和评价现实情况。一份幽默含蓄的评语，即使是批评，学生也乐意接受。在评语中巧妙地运用健康活泼风趣的语言，适当地来一点幽默，常会收到意想不到的效果。它其实是一种别出心裁的表达方式，以一种睿智、有趣的方式创造出令人耳目一新的评语效果。

那幽默式评语怎么写呢？

1. 夸张变形法

把学生的某些特点加以夸张或以变形的方式突出出来，或者将某些缺点的坏处加以变形地表达，在一种轻松宽容的气氛中使其能更加清楚地明白其利害关系，并因此而乐意接受和改正。

例一：

在老师眼里，你也是班级的一"宝"，你"一鸣惊人"的答问，往往使老师惊叹不已，你别具一格的"连体字"，也不乏纯真可爱。但是你能上课不再"神游"就更好了，你能让我如愿吗？

例二：

小王是校足球队的一员干将，可在班上却默默无闻、成绩平平。班主任的评语写道："真没想到，球场上的你动如脱兔，好一个英姿飒爽的前锋！可为何课堂上你就成了垂手静默的"守门员"？拿出你的虎虎生气来，在求知的赛场上，也攻进一个又一个漂亮球——得分！"

例三：

有名学生学期结束时，所有科目的成绩全是B，班主任给他写了这样的评语："悬崖勒马，回头是岸，还来得急（及）！"

2. 暗示类比法

有些问题，正面表述极易落入俗套，让学生觉得生硬而难以接受，也不能满足现在学生的口味。聪明的老师往往在评语中轻描淡写，引对方入圈套，然后巧作类比，占据主动，让对方折服。

例一：

看你天天精神焕发，形象也够帅的；读书时特有的婉转悠扬，带有"垂杨"状的坐姿，更加耐人寻味；尽管你的成绩平平，但仍然是同学们心目中的一道美丽风景。可是我总希望你站正，坐直，让我们的"垂杨"变成"白杨"不好吗？

例二：

你聪明伶俐，活泼可爱，你那一张张彩照像"明星"一样，多漂亮呀！老师还特别爱听你唱歌，你简直是班上的"歌星"。但为什么你的学习却和你的外表、歌声有那么大差异呢？下学期，老师希望看到你的成绩能像你唱歌和舞蹈一样"星光闪耀"，成为同学们学习的"偶像"。

3. 曲线表达法

一些学生自尊心强、心理敏感、脾气暴躁，写给这些学生的评语，需要讲点转弯的艺术，若直来直去，既得不到理解，有时还会"吃不了兜着走"。在这种情况下，"曲线表达"便是极好的良方。

例一：

你这个学期长进不小，但是作业本上的字迹龙飞凤舞，大概你想当草体的书法家吧？但是要知道，草体书法是在楷体的基础上才能练好，老师希望你能先把楷字写好。你一定能做得到，对吗？

例二：

最近，你和以前相比有了很大的进步，特别是作业能按时上交，劳动值日也很积极，但是老师有一个小小的请求，那就是：你的作业上的错别字太多啦，像烧饼上的芝麻一样，能不能争取把芝麻从烧饼上拍下来呢？

4. 因势利导法

在一些时候要充分把握学生的心理，尽量调动他们自己的内心动力来改变自己，根据他们现在的实际情况，因势利导，巧妙地"诱敌深入"，再寻找一个突破口，给其精神上的力量，使之努力前进发展。

例一：

有人说你是一个内向的孩子，但是我知道你的内心却是很希望和同学们交流的，我也相信你一定会做得很好的。这里，老师有一个小的问题，那就是你的作业上的字写得很挤，你不怕把它们热出毛病来？

例二：

李××同学，你聪颖敏捷，学习刻苦勤奋，学习成绩在全年级"一马当先"，在我班的女同学中可谓是"万绿丛中一点红"，但"一花独放不是春，万紫千红春满园"，希望你能主动带动其他同学，一起进步。

例三：

你在老师心目中一直是一个十分出色的学生，各方面表现也很好，这是你努力的结果。如果说高一（3）班是一队大雁，那么你毫无疑问地担当着头雁的重任。老师能理解你偶尔的松懈和散漫，毕竟你还是个15岁的孩子，但是老师要提醒你，你身后还有30多只"大雁"呀，你的一言一行，他们都看在眼里。所以，你一定要改正呀！

5. 声东击西法

有些时候，相同意思的话用不同的语言来表达，效果迥异。有时言在此而意在彼，令人回味无穷。

陈××是一个学习非常优秀就是有点粗心的学生，一次由于大意考了99.5分，丢了0.5分。在试卷上班主任有意把99写的特别大，5写的小，并写道："多可惜，'马虎虫'，差一点打破世界记录！"他看后也忍不住笑了，而后在考试中多次满分。

6. 另辟蹊径法

很多人在与人说理时，往往在不经意间触动了他的"自尊"，从而火上又浇油，写评语也是如此。倘若我们能另辟蹊径，改变方式，正话反说，其效果完全不一样。

班上有一个上课爱说话，成绩不是很好的学生。班主任反话正写："在男孩子中你是最活跃一分子，你是他们的'头儿'。你知道吗，能让别人服气并不仅仅在这些方面，我看到你这次成绩考得不错啊！"出乎意料的是，当这名学生看后，从眼睛里流露出了愧疚。从此他勤奋学习，成绩也一天天好起来了。

在写幽默式批评中，老师要注意不能用"黑色幽默"或"冷幽默"的方式给学生做出评价，也要注意幽默的语言运用的适当，同时注意学生的心理接受能力，有目的、有方法、有技巧、有特点地运用，以免给学生造成心理压力及自尊心的伤害。

不可忽视非言语评价的作用

我们先来看一个案例：

低年级学生大多喜欢美术课，特别是培养动手能力的剪纸课。有一次剪纸课后，班主任走进了教室，教室里声音嘈杂、课桌凌乱，还有满地的碎纸屑。看到这一切，班主任顿时怒气上涌，对着一群兴致勃勃的学生怒吼一声："看看地上，你们都做了些什么？"整个班级马上安静了下来，本来还想着给老师看他们的作品的学生都吓呆了，课堂内犹如一潭死水，不安和恐惧袭上了学生的心头，一双双灵动的眼睛盛满了惊恐，他们仿佛在等待着老师暴风骤雨般的批评。

在这一刹那，班主任也被自己的怒气和学生的不知所措惊呆了，教师与学生的距离此时竟是如此的遥远。接下来怎么办呢？只见班主任迅速调整了自己的情绪，严厉的神情渐渐地舒缓下来。她深深地叹了一口气。对着学生摇了摇头，并且为身边的学生整理起课桌，然后弯下腰捡起了地上的碎纸屑。慢慢地，有的学生拿起了笤帚，有的轻轻地排好了课桌，有的收拾起桌上的剪纸工具。一切都在井然有序地进行着，一张张小脸也变得生动起来，师生间的距离由于一个小小的动作而缩短了，大家都在这无声的言语中进行着交流。不多久，教室恢复了往日的整洁，大家开始为下一节课做准备。

真的很庆幸，班主任能在那令人窒息的时刻，用无声的言语教育学生，使学生从恐惧中重新回到一种理解、平等、互爱的师生关系中。那无声的宽容就像阴霾冬天里的一缕阳光，给学生带来了安全感。在这互相信任、互相理解的师生关系中，学生获得了积极体验，也尝到了师生间和谐关系的乐趣。可见，教师运用的非言语评价，对于融洽师生关系、放大教学效果起着相当重要的作用。

在传统的课堂教学中，教师是课堂的权威，因此常常对学生进行一味地灌输和机械的训练，而学生则惟师惟书是从，被动地接受知识。这种"一言堂"式教学模式会造成学生思维抑制，缺少交流。大量的教学实践表明，在这样缺乏安全感的课堂中，学生往往处于紧张或焦虑状态，他们只是生吞活剥地被动接受知识，难以将所学知识构建成为属于自己的智能系统。如此压抑的课堂气氛影响着学生的心理安全，而心理安全又直接影响到学生的学习效率，尤其是在倡导创新教育、着力于学生创新能力培养的今天，很难想像，在一个缺乏安全感的课堂中，学生的创新思维能够被激活，学生的创新能力能得到提高。

安全的课堂，是教学民主精神的体现。教师作为学生学习的合作者、引领者，既要创造宽松、民主、平等、互动的外部学习环境，又要构建学生"喜欢学、愿意学、能学好"的内在的心理安全环境。在这样的课堂上，学生善于思考，善于表达，能与他人进行和谐的合作和交流，在他们的眼中总是能够有欣喜的新发现。虽然，从表面上看起来，一堂课所呈现的信息量似乎不及传统课堂的容量，有时甚至常常难以完成教师预定的教学目标，但在这样的课堂上，学生的创新能力、动手能力都得到了很大的提高，他们能够将所学到的知识内化为属于自己的知识结构体系，其学习的效果当然是事半功倍。

那么，教师如何营造安全的教学氛围呢？正确的教学评价是重要的工具，教学评价的手段与方法是多种多样的，而非言语评价则起着非常重要的作用。

所谓非言语评价，是指教师在课堂教学过程中，借助语言以外的诸如身体语言、面部表情等对学生的学习状况给予价值判断的方法。美国心理学家艾帕尔·梅拉比在一系列的实验基础上，于 *1968* 年提出了这样一个公式：交流的总效果 = *7%* 的文字 + *38%* 的音调 + *55%* 的面部表情。可见，在信息的传递过程中，在绝大多数的情况下，言语交流只占到表达我们思想的最少部分，而非言语表达则可以作为最有力的补充，起到表达思想、交流情感的作用。

　　美国威廉·莱波德博士也对两批学生做了对比实验。教师在给第一批学生上课时，面带笑容，不时给学生投以赞许的目光；给第二批学生上课时，表情严肃、冷峻。结果再上课，第一批学生95%踊跃发言，精神专注，积极思考；而第二批学生，只有11%的学生能主动发言。可见，教师的真情传送，对课堂气氛乃至学生的思维有着巨大的激励作用。在课堂教学评价中，除了教师运用富有感情与表现力的话语对学生进行激发、诱导以外，教师的非言语评价也同样能达到激励引导的效果，并能为学生营造出一种真诚、宽松的心理环境，对学生的心理有着重要的影响。

　　新课程改革以来，不少教师特别是低年级教师在评价中，常常采用学生比较喜欢的小红花、五角星等标志性物品对学生进行激励，而且也很注重非言语评价激励，如用微笑点头表示赞同，摇头摆手表示反对，瞪大眼睛表示惊奇等。在教学互动中，这种非言语评价使用最简单、最频繁、最有效，具有其他评价方式所不具有的优势。

　　而非言语评价中的表情评价是在平时的教学过程中教师对学生的表现最直观、最真实的评价，当然也是最受学生关注、最容易被学生体察到的。要取得此时无声胜有声的激励效果，关键要教师在表情评价时做到真情传递教师对学生的关爱、期望之情。只有通过实实在在的爱的交流，唤起个体对未来、对生活的希望，才能让学生的心灵获得幸福、美好的体验。这样，当表情肯定时，能使学生受到鼓舞；当表情否定时，也能使学生愉快地接受，保护他们的自尊心和自信心。在日常的教学中，我们可以根据具体情况，给学生以多种多样的非言语评价。

　　培根说过："和蔼可亲的态度是永远的介绍信。"因此，教师应该做微笑的天使，把微笑带进课堂，为学生营造愉快轻松的学习氛围。当你满面春风地走上讲台时，你的情绪就会使学生产生如沐春风的愉悦；当学生被某一问题难住时，你的微笑可以让他们放松，勇敢迎接挑战；当学生成绩进步时，你那包含肯定和赞赏的微笑，能使学生信心倍增，激发更强的求知欲；当学生考试失利时，你应该用微笑去安慰他；当学生胆怯不前时，你更应该用微笑鼓励他。微笑体现着教师对学生的尊重与宽容，是对学生爱的情感流露，是滋润学生心田的甘泉。

前苏联教育家苏霍姆林斯基说："任何一种教育现象，学生在其中越少感觉到教育者的意图，效果越好。"眼睛是心灵的窗户，而眼神则是眼睛的语言。当我们用无声的语言——眼神对学生进行评价时，更能细腻、清晰地表达情感。

课堂教学中，学生交头接耳的现象经常发生，课堂的气氛比较活跃时难免会出现失控的现象。如果这时候，教师忍无可忍，对学生大声呵斥，会使学生的身心受到伤害；与之不同的是，如果教师用严厉的目光看着他们，当学生发现老师的神情异样时，他们便会很懂事地停下来。这种委婉的批评既不会破坏课堂气氛，又能很好地将课堂教学继续下去。讲课时，教师的眼睛要经常环视学生，使坐在角落的学生也能感受到老师正在注意他；请学生起来回答问题时，教师要亲切地注视着这位学生，让他觉得老师在鼓励他。眼神暗示可以表达教师对学生的鼓励、期待、赞许、关心……

总之，要使评价更有效，班主任就必须重视非言语评价的作用。

开学第一天，用整洁芳香的教室迎接学生

张青云

一直以来，我对魏书生老师所说的"*15分钟完成清洁大扫除*"心情很复杂，一方面是敬佩不已，一方面又保留着轻度质疑。在我看来，要想彻底将一间五六十平方米的教室里里外外打扫干净，并非是一件轻松简单的事情。曾在一天中午，为了以身示范，我独自一人足足花了一个半小时，方才打扫干净教室的地面，切身体验到了一间教室要打扫干净究竟有多难。从此，我对不干净的教室再也

87

没有了喋喋不休的指责，对扫地的同学们也多了一份认同与感激，并由此建议：每学期开学，由班主任打扫好教室，以整洁芳香的教室迎接学生的到来。

我相信，只要不是学生年龄太小，绝大多数班主任都是心安理得地习惯于学生打扫教室的。理由很简单：学生自己坐的教室，当然要学生自己来打扫。但教室不同样也是老师的吗？好多粉笔头还不是老师往地上扔的吗？我们不是一直在强调师生平等吗？为什么在打扫教室时教师就不参与呢？追问之中，我们其实并没有太多的理由。

每学期开学的前两天，我都会悄悄地来到我的教室，从地面到桌面、从墙面到天花板、灯具，都一一从容平和地打扫干净。地板一遍遍地拖过，直到可见人影；桌椅一张张地清理屉斗，一张张地擦拭，整齐划一地摆放好；窗户一扇扇地抹，直到一尘不染；窗帘卸下来洗涤，又一一挂上；墙壁上不张贴任何多余的东西；教室里各种备品更置一新，就连多媒体设备也都一一调试停当。然后再摆上几盆花，喷上一些空气清新剂，最后才美美地闭门悠然而去。第二天早上，芳香伴着孩子们的惊奇，溢满在每张舒心的笑脸上。看到整洁明亮、芬芳吐香的教室，对比其他班级的凌乱不堪、满眼灰尘，他们一下子就感受到了差别，体会到了幸福的滋味，看到了老师付出的心血与努力，也从中读到了班级的希望，还有自己的责任。自豪感是可以相互传染的。慢慢地，在这种整洁芳香的氛围之中，他们和老师一起，情绪饱满地投入到"开学了"的角色调整之中……

良好的开端是成功的一半。当别人还在为清洁卫生而努力的时候，我们已经开始在发新的课本了；当别人在发新课本的时候，我们已经是书声朗朗了……这种跑在前面的快乐一直激励着我们，带给我们的是工作的主动与高效。接下来，你会发现，这一学期，孩子们变了许多，扫地听不见喊累的声音了，做清洁劳动表现得非常主动，也很有方法与技巧。甚至有的时候，他们还会把墙脚的瓷砖擦了又擦；会把地板上偶尔的口香糖痕迹铲了又铲，拖了又拖；会把桌椅抹了又抹，摆了又摆，力求精益求精……从他们的脸上，你看到的是劳动快乐的自然与笑容，看到的是"让班级因我的存在而感到幸福"的真诚与责任。这时，你还会愁教室不是"非常清洁"，还愁卫生大检查班级不上表扬榜吗？

班主任亲自打扫一次教室，本身应该很平常，劳动量不大，身体也能承受，但其效果与影响力远胜于劳动本身。它的意义在于，使学生感受到了班主任以身作则、为人师表、言传身教的一面。这种身体力行的示范就是一种无声的表态，就是一种目标的定格，也是一种在起初就开宗明义地面对班级、面对学生的承诺：师生是平等的，地是可以扫干净的，我们的班级是可以建设得更加美好的，从我做起！

"从我做起"，扫过之后才明白，这种古典的教育情怀在今天其实仍然非常必要和有效。

班主任要做好起点工作

袁富杰

这是参加工作6年的王老师。

刚参加工作时，学校让他带一个实验班，他责任心很强，对学生要求特别严格，却在还没有了解学生的情况下，就根据自己的想法处理班级事务，决定班级工作。虽然第一年班级发展比较正常，但是到了第二年，问题就出来了：学生屡次违反学校纪律，而且由于他过于严厉，学生和他渐渐疏远，师生关系很紧张，成绩与平行班逐渐接近。最后，在即将进入高三的时候，学校不得不换了他。接下来王老师接手高二的一个实验班。他吸取了教训，对学生都很好，但是却忽视了对学生的严格要求，甚至有时候会迁就学生，结果发展到最后，学生对他的要求充耳不闻，致使班级工作无法开展，最后不得不离开班主任岗位。

后来，王老师休息一年后再做班主任，这次王老师担任一个实验班的班主任。王老师虽然总结了上两届的工作经验，但是在接手班级之后，还是在不了解学生的情况下，就给班级制订了详细的工作计划，而且要求学生必须按照这一计划执行。对班级每天发生的事情都记录得非常详细，这个记录就成为他日后教育学生的依据，因此学生很害怕他的记录本，而且也很痛恨他的记录本。虽然第一年班级工作还可以，但是到了第二年，势头马上发生了转变，班级工作处于混乱状态，最终王老师无法控制整个班级的变化，不得已只能在第二年的第二学期辞去了班主任工作。

其实，王老师是一个责任心很强的老师，为什么这样负责任的老师却做不好班主任工作呢？最关键的问题是王老师没有做好班级的起点工作，缺乏对学生的了解就制订工作计划和目标，过早地为班级发展定位，阻碍了学生的发展，而且几届的班级工作使得自己的管理方式形成了定势，使自己的工作受到了局限。当一个班主任接手一个班级的时候，做好起点工作是很重要的。

要做好起点工作，班主任可以从以下几方面进行：

1. 了解学生

这一项工作很重要，在班主任接手一个班级之后，最忌讳的就是以自己的想法控制学生，把学生圈在自己的控制范围之内。开始的时候，学生不理解老师要让他们做什么、怎么做；老师不理解学生为什么不顺着自己的意思走。这个时候就需要找到老师和学生的交融点。上面案例中的王老师开始就是严格控制学生，学生有什么想法或者意见，也不会跟老师发生语言上的直接冲突。但是心理冲突已经形成了，当他们对环境比较熟悉了的时候，冲突就会爆发出来。

班主任了解学生的过程，就是建立理解的过程，只有在互相了解的前提下，才能够在以后的学习和生活中互相理解。要进行教育，首先要关切地、深思熟虑地、谨慎小心地触及学生的心灵。如果一个班主任在接手班级之后，不认真了解学生，而是以自己的意志、要求来控制学生，短时间内是见效的，因为学生还不了解老师，处于一种观望的状态。但他们在观望的过程中已经想着应付你的手段了，等到时机成熟的时候，他们就会采用他们自己的手段来对付你，而且还非常有效，因为他们在你控制他们的阶段内已经了解你了，知道你的弱点所在，所以应付你的办法也很有效。因此，在起始阶段的工作中，要尽可能地熟悉学生的特点，建立互相信任的交融点，就能够为下面工作的继续开展打下一个基础。

在了解学生的阶段，可以对学生的行为做一些详细的记录，这种记载学生的行为，是作为反思的源泉、分析的材料，而不是让它成为日后收拾学生的把柄。如果你在开始就已经有了这样的感觉的话，就不会对学生容忍。在起点处，你已经将学生排斥在你的教育视线之外了，以后再想教育好，也就很难了。上面案例中的王老师把平时详细记录的材料作为每次教育学生的依据，学生对他的排斥可能就是从这些记录开始的，这不是他记录的问题，而是他没有把记录应用好的结果。

2. 不要过早地为班级定位

历史上太平天国运动的快速失败，也许与过早定都有关系。过早定都，使他们有了后顾之忧，不能够全力地投入以后的战争中去，在前进的时候总是惦记自己的后方而不能够集中精力作战，最后导致失败。如果为班级发展过早定位，那么一切的工作就会围绕着这样的一个目标进行，如果在发展过程中有一些跟这个目标不一致的做法或者行为，就会受到压制。在一个目标的牵制下，学生很难有其他方面的发展。上面案例中的王老师就是在开始的时候制订了详细的计划，这个计划过早地为班级工作定了位，束缚了他的工作，导致最后计划不能够实施，班级工作受阻。

虽然不能够过早地定位，但是可以根据实际情况制定一些短期的目标。日本的马拉松选手山田本一在每次比赛之前，都要乘车把比赛的路线仔细地看一遍，并把沿途比较醒目的标志画下来，比如第一个标志是银行，第二个标志是一棵大树，第三个标志是一座红房子……这样一直画到赛程的终点。比赛开始后，就奋力地向第一个目标冲去，等到达第一个目标后，又以同样的速度向第二个目标冲去。40 多公里的赛程，就被分解成这么几个小目标轻松地跑完了。其实这就是一个分解目标的过程。在人生的道路上，每一个人最初都有远大的目标。可是，最终实现的人又有多少？丧失信心半途而废的人又有多少？把大的目标分解，经常检查自己实现目标的状况，经常体验实现目标的快乐，用这样的方法，即使是遥远的马拉松也可以跑得很轻松。新学期开始，给每一个孩子准备一个目标本，然后，我们每天只需要问一个问题：今天你完成目标了吗？这样做，也许要比只盯着一个要来得有效。

3. 不要让自己的管理方式成为定式

任何一种管理方式不可能适合于每一个学生，因此，当我们在做班级起点工作的时候，不要让过去的任何管理方式成为一种定式，要从每一种管理方式中寻找有价值的东西，同时也要积极探索自己所管理的对象，在不断的发展中改进自己的管理方式。

如果你发现自己的管理方式成为定式的时候，那么你就应该考虑是该休息、反思的时候了，要有勇气退下来进行学习、思考。上面案例中的王老师所带的三届学生，最后发展的结果几乎是相同的，原因是王老师的管理方式已经形成了定式，他无法改变自己的管理方式，有时候想着去改变，但最后还是向同一方向发展，最后的失败也是预料之中的事情。

做好起点工作，是一个减轻压力的过程。学生意识中模糊不清和含混肤浅的观念越少，他感到落后的压力就越小。但是同时也要让学生在新的生活中发现新的东西，体验到学习一些新知识的重要性，这种感觉就会逐渐促使他们进步、发展。

做好起点工作，要根据学生的实际情况开展，要时刻注意分析事态的变化，让学生逐渐地走入管理中去，让学生成为管理自己的主人，为自己的发展设计蓝图。班主任不要替代学生的发展，这样学生的发展才能够自己做主。在班主任接手一个新的班级之前，多做点思考工作，想着做好班级管理的起点工作，就可以减轻自己日后的负担。

带好"差班"大有学问

陈　胜

1999 年 *9* 月，刚走上讲台的我接手初 *01* 级（1）班。初中部的老领导沈主任拍着我的肩膀，语重心长地告诉我："这个班在初一时，学习、纪律等方面都落在其他班级之后，你担子不轻啊！"

也许是初生牛犊不怕虎吧，我当时的话语竟异常豪壮："请沈主任放心，我一定会把这个班带好！"

1999 年 *12* 月，在学校一年一度的冬季田径运动会上，我班的团体总分遥遥领先，欢呼声似乎要把整幢教学楼震塌。

2000 年 *5* 月，在"勤俭节约，回报父母"的主题班会上，许多同学的眼泪伴随《烛光里的妈妈》那凄美的旋律流淌。

2001 年 *7* 月，中考成绩揭晓，我任教的班政治居全县第一，该班考上"重高"人数与兄弟班级不分伯仲，加上考进普高和职业中学的同学，升学率达 *100%*。

终点小憩，回首来路，才发现征程漫漫。如何带好"差班"，我真的感慨万千。

带好"差班"的第一要义是调动起全班学生内心深处的拼搏激情。在多数所谓的"差班"中，学生普遍有这样一种心理：我是差生，我不可能有多大作为，否则，我一定考进重点班了。这样的消极心理在无形中给了学生很大的心理压力，使他们无法走出自卑的阴影。同时，这种心理还会使学生降低对自己的期望值，总认为自己不如其他班级的学生。

其实，在每个同学（无论其成绩优劣、表现好坏）内心深处，都怀着对成功的渴望。作为班主任，如何让学生认清自我并重新振作就显得尤为关键了。精于此道的班主任总能找到学生的症结，对症下药而药到病除。当年接班时，在班级开学典礼上，我响亮地告诉学生：

听学校领导说，我们这个班在初一的时候发展得不是很好。作为大家的新班主任，听到这个情况，我的心情是沉重的。初中阶段，正是我们成长的黄金岁月，好比禾苗，正在拔节；好比小鸟，正需练翅……虽然，有的同学虚度了初一，但初二和初三还可以把握，我们还有机会！只要我们齐心协力，只要我们不懈努力，成功就不会遥远，我们的进步会让全校师生刮目相看！和班级携手共进、并肩作战，如果你愿意，就举起手来！

话音一落，几十只小手几乎同时举过头顶，学生们微微地左顾右盼，用目光传递着希望，传递着"重振旧山河"的决心。

要带好"差班"，还应特别注意培养学生良好的学习和生活习惯。古印度有语："播种行为，收获习惯；播种习惯，收获性格；播种性格，收获人生。"人与人的差距分先天和后天，先天的差距无法更改，但后天的行为和发展却主要靠自身的勤奋，此之谓"三分天注定，七分靠打拼"。而在后天的打拼中，良好的习惯可以让人终身受益。

据笔者观察，那些成绩相对落后的学生，在学习上和生活中往往也是行为习惯不良的人。以记笔记为例，优生的笔记本总是工整而详实，有不同颜色的墨水圈点，有的还在老师的基础上作一些补充。而另外的一些同学要么是懒于动手，要么是随意记在书本上，有的即使有一个笔记本也是三言两语，草草而就，这样的学习习惯带来的当然是天壤之别的学习效果。再如，有一位同学曾在周记中反省：

小学时我的成绩比他（指其小学时的同桌）还好些，可为什么他却考进了重点班，我却没考上呢？现在我知道了，并不是他比我聪明，也并不是我运气不好，而是我没有他那种勤奋、那种谦逊，是懒惰和骄傲自满的毛病害了我。

一段时间，我发现这位同学时间观念不强，做任何事情都是慢腾腾的。我便刻意训练其增强时间观念。我告诉他：珍惜时间，从走路开始。从今天起一周内，你在任何场合试着做到这三点：走平路就小跑，上下楼梯一步跨三级，集会结束第一个回教室。一周结束后，这位同学惊喜地告诉我，那一周他每天比以前至少多学习了50分钟。

要带好"差班"，还需要班主任发扬"打持久战"的精神。既然是"差班"，那一定在学习、纪律等方面落后于其他班级。"冰冻三尺，非一日之寒"，要使一个班级在各方面都向良性发展也绝非一朝一夕之功。同时，青少年学生正处于性格的塑造期，其世界观、人生观和价值观尚不稳定，常无法做到持之以恒。另外，像网络、游戏、不健康书刊等也吸引着许多学生的眼球，这类吸引存在着持续性和反复性。因此，班主任要善于"打持久战"。

在教育上，从来都没有一劳永逸的事情，带"差班"更是如此。比如，某年五月的一天，天气渐渐炎热，我发现教室外的垃圾箱里塞满了各种饮料瓶。一调查价格，每瓶饮料少则1元，多则3元。要知道，这班上几乎都是农村来的孩子呀，而且，即使家境富裕，也不能如此"奢侈"呀。经过一系列的准备，我及时召开了"勤俭节约，回报父母"主题班会，班主任讲道理、学生发言、观看与亲情有关的录像片段，当《烛光里的妈妈》那凄美的旋律响起时，教室里出奇地安静。很多同学的眼泪流出来了，那一刻，我认为学生的内心受到了感动，灵魂也得到净化。一段时间之内，教室里真的就再也没有人喝饮料了，班上统一购买了几个水瓶，由学生轮流打开水。我暗自窃喜，略施小技也可以"收拾"这帮孩子。

好景不长，七月初我监考时（各班学生单人单桌交叉坐），发现很多同学（外班、本班都有）的考桌上赫然放着一瓶瓶五颜六色的饮料。叹息一声之后，我在当天的日记中写下一句话：

不良习惯和行为仍旧像隔年草根，在我教育的田野里疯长。要想斩草除根，还需要长期辛勤的耕耘。

最后，要带好"差班"，班主任就要立志做最优秀的班主任。俗话说"师高弟子强，名师出高徒"。如果班主任自己都软弱无力，一筹莫展，班级就必将呈现出群龙无首的混乱局面。而那些志存高远、脚踏实地、不懈努力、积极进取的班主任则必将令一个弱差班级焕然一新，令全体同学群情振奋。作为班主任，其言行举止、品行修养、精神风貌对学生有着巨大的影响。一个开朗、乐观、积极、健康的班主任会让学生体会到无穷的力量，而一个悲观、消极、牢骚满腹、"昏庸无能"的班主任只会让学生感到前途渺茫、命运暗淡无光。

因此，新形势下的班主任，特别是"差班"的班主任，在班级管理上应当雷厉风行、敢作敢为、创造性地开展工作。如此这般，才能在学生中树立极高的威信，迅速将一盘散沙拧成一股绳。总之，要想学生都健康成长，使"少年心事当拿云"，为人师者首先就应当壮志凌云。

班级管理的有效策略

王立华

我所带的*1998*级学生升到初二时，生命规律使然，多数学生盲目地表现自我。为了激发学生科学的自我展示的激情，我便设计了一堂重在体验的班会课。

在这次主题班会上，除了"上课"、"请坐"、"下课之前交上我现在发给大家的材料"*3*句话外，整个一堂课，我没再多说一句话，我只是站在讲台上微笑地看着学生们。

当时我发给学生的材料是——

寻人启事

现寻找我的学生，男孩女孩均有，年龄在*13~14*岁之间。他们均相貌端庄，身体健康，学习都不错，特长都有所发展，综合素质明显高于同年龄段的学生。他们的成长喜人，曾得到区委书记、区长、教委主任的肯定！初一时，他们非常讨人喜欢，与我关系很妙！可是，入初二以来，因为我的工作"失误"，没有"管理"好他们，于几个月前"走失"（"走失"的含义：他们有的说一些不文明的话，有的无理顶撞家长，有的乱花钱，有的穿奇装异服）。现不知他们在"何方"！他们曾是我的骄傲，曾是我的寄托。请知其下落者，速来告知我，并帮助您找到的学生填写好《我最得意的时候》这一表格，让他们赶紧回到我身边。我很着急，担心学生的明天会不怎么样。

学生们看到"寻人启事"时，先是相互对视，显现出惊异的神色，有的甚至说"世界之大，我们怎么知道您要寻找的人在哪?"但看着讲台上的我确实很认真，他们便开始认真读寻人启事了。不一会儿，有的学生就开始摇头，有的学生咬着嘴唇沉思，有的在把自己手脖子上的装饰物悄悄往下摘，有位同学使劲揉搓自己上了色的头发……大约*10*分钟后，学生们开始动手填写"寻人启事"后边的表格了。有的学生边填边叹气，有的学生边填边拍自己的头，有一位男同学干脆脱了自己"明晃晃"的上衣、揉成一团塞在了自己的书包里，有位同学填完表格后，还拿出了自己的日记来读，品味自己获奖时的幸福时刻。学生们开始了帮助我"寻人"的艰苦历程……

全班 51 个同学都填写了我要寻找的人是他们自己，并都列出了一长串自己得意时候的事件。也正是从这些对得意时候的回忆中，学生们明白了：要想表现自我，不一定要穿奇装异服，不一定要说不文明的话……而这正是我开展这次教育活动的目的。

而当我第二天选择几位同学的日记在课堂上欣赏时，我又一次体会到教育的智慧带给我的喜悦。

学生小全的日记片段：

步入初二以来，我明显地感觉到自己的意识里"自我"的形象越来越突出了，总觉得爸妈与老师真太落伍了。穿上明晃晃的、瘦瘦的褂子，再来一特肥特大的裤子，然后还要给头发上点颜色，趁爸妈不注意，有时鼻梁骨上再架副墨镜，这才叫"酷"。

不过，说实在话，最近我自己的心里仿佛总有一种空荡荡的感觉！

今天，老师让我们看"寻人启事"，读开头几句，我还半捂着嘴偷乐，瞧，"老王"又唱什么大花脸！可看着看着，我的内心深处一股莫名的情感在上升！它让我反思！我是不是"迷失"了自己，我积极上进的个性都跑哪去了？不谦虚地说，几乎人人都夸的我，难道就得通过现在身上的这件光纽扣就 42 个（这是王老师亲自找了几个同学跟我开玩笑逮住我数的）的瘦瘦的上衣来体现？不！不是这个！要不然，昨天书店卖书的阿姨就不会用异样的眼光看我了，那位阿姨看我，简直就像是发现了一个"怪物"！难怪老师有几次提示我这件衣服是不是换换，看来，我的意识是有点"不合适"……

小孔的日记片段：

"怎么着，不服啊"、"妈！烦不烦，又让穿多点，多难看！冻不死我"、"这老师，搞什么文明礼貌用语训练，没事找事，还让不让人有个性"、"关我什么事，不就是给班里扣了点量化分吗"……这就是我一个多月来经常说的一些话，我也不是发自内心的想说，只不过脱口就出来了！唉！就我这形象，怪不得谁见了谁烦！……

小张的日记片段：

寻人启事，寻谁呀，还是找回自己吧！

当我填写《我最得意的时候》表格时，获奖、受表彰的片段不断浮现在我的脑海里，那时的我要么穿校服，要么着淡装，不也一样"招来"关注的目光吗？出众与否，不在于打扮，也不在于说几句我们所认为的"酷毙了"的话语，而在于渊博的学识、涵养、良好的修养等等……

这是3位同学班会后当天晚上的日记片断！

学生在各学年的教育中对规范、准则早已耳熟能详，很多时候，他们不是不知道什么是应该做的，而是知道什么是应该做的而不去做。学生对规范认识水平的提高并不意味着规范行为的产生。在认知与行为两者间，还有一个漫长的内化过程。这些特点要求我们进行班级管理时，要存实践中让学生产生积极的内心体验，锻炼一定的操作能力，增强创造性思维的能力，达到学生人格的整合与完美。

这一堂班会课，我只说了3句话，既不是传统的枯燥的简单说教，也没有不切实际的精神贵族式的空洞理论，没有名人、伟人的典型事例，没有现代化的多媒体技术的运用，而是通过"教育的智慧"给学生构建起了一个能活跃其中的道德世界，让学生在里面自我体验、自我锻造，从而让学生逐步成为一个富有崇高的"德性"

99

和人性的现代人。

系统备课，临时出牌

王晓平

"系统备课"是指班主任把要进行的"育德"方面的有关内容，做好专题规划，然后分门别类地搜集有关的名言、故事、文章等等，为班会课做准备；"临时出牌"是指抓住教育契机，把某一专题的材料拿出来，用班会课组织学习讨论或开展活动。这样，德育就系统而全面，班会课就不至于陷入一点一滴、婆婆妈妈的唠叨中，也不会陷入就事论事的肤浅说教，而能游刃有余地处理一些突发事件。而每件事情，都能够让学生由此及彼，举一反三，有所收获。即使说的是一件小事，犯错误的也只是个别人，但大家都能因小见大，提高认识，有所裨益。

要能做到这样，班主任首先就得系统地"备课"。从接手高一新班开始，这个"系统备课"也就该着手了。我把"育德"的有关内容具体规划成：1. 拒绝平庸；2. 生命意识；3. 情商；4. 精神家园；5. 心存感激；6. 良知；7. 超脱；8. 读书；9. 爱情；10. 自尊；11. 个性；12. 诚信；13. 快乐；14. 反思；15. 面对挫折；16. 师法自然；17. 心态；18. 性格；19. 助人；20. 亲情。共20个专题，分门别类地准备有关名言、小故事、小短文和精美时文。

我手边常备有几本名言集，随时可查找；手边常有不少精美短文的集子，有的书，本身就已经分门别类编排好了；自己还有《教师博览》、《读写月报》等杂志，《每周文摘》等报纸。但是，系统备课的任务还是很艰巨的，因为对学生而言，材料越新鲜越好，文章越近期他们越感兴趣。所以，班主任仍要手不释卷，随时阅读，看到对学生道德教育有益的好文章，就得及时"存盘"，想靠着一两本书一劳永逸是不可能的。现在有网络了，随时可以搜索想要的文章，只要肯花工夫，文章不愁矣！

如何"临时出牌"呢？就是善于把身边发生的事情，作为教育的契机，让以前的准备派上用场。先举处理"打架风波"来说说吧。1998年4月初，我班男生小张和高二男生小李打了起来。找小张询问，他说：课间，楼梯上人很多，下楼时正好小李上楼，不小心撞了他。小李说："别这么狂，考不上大学的。"气得小张给了他一拳，然后对打起来。事后，学校要给小张处分。我请求学校不要处分，小李出言不逊，有错在先；他们打架不对，可以通过开班会，提高认识，达到教育其他人的目的，使类似的事情不再发生。学校采纳了我的意见。

我想，被人说一句"考不上大学"就气得挥拳头，如果真的考不上，他能正确对待吗？其他人都能正确对待吗？找同学聊，他们竟然都站在小张一边，认为小李说这么不吉利的话，自己讨打。我校升学率大约为三分之一，相当一部分同学是难以如愿的。但现在来讨论如何对待落选，同学都会不高兴，我就由"听到一句不合意的话就挥拳头"这件事，组织同学讨论"如何调整情绪"、"如何对待挫折"。我想只要考前有一定的思想准备，就不至于考分出来后，有学生出现意外了。班会前一天，我在班级园地贴出了有关名言，复印和张贴了4篇小故事，贴出了江西师大《读写月报》杂志1998年第4期刊出的"战胜挫折"的5篇文章，然后要同学结合自己的体会谈感想、举自己的实例来说明。班会时，小张检讨了自己遇事过于冲动，不善于控制情绪；同学们也都联系自己的实际谈了感想。有位同学一个月前打篮球时腿部骨折，开了刀，现在还得借助拐杖，他谈战胜挫折时，同学们很受感染。课后，小张买了水果和营养品到小李家去道歉，两人和好了。

我再次找小张谈话，肯定他主动道歉的做法，并激励他说："考得上考不上，靠的是实力，不是别人的一句话。你就争口气，考个好学校给大家看看，他们明年也要考了，给他们树立个学习的榜样。"小张加倍努力，考上了上海的一所大学，全校皆大欢喜。

令我没有想到的是，当年的高考试题竟是"战胜脆弱"。考完语文，同学们说，王老师真有经验呀，竟然抓到了作文题！其实，我何曾去抓作文题呢，只是觉得，挫折教育是高中学生不可少的，前几届带的学生，高考前也都进行过"面对失败"、"人生转折处"等类似的教育，机遇总是垂青有准备的人罢了！

前面讲到的 20 个专题，班主任要提前准备有关的名言、故事、文章，但"出牌"的形式却是多种多样的。比如"情商"专题吧，我复印了有关名言、小故事和《教师博览》上谈情商的几篇文章，班会时，分别发给 6 个讨论小组，要大家传阅、讨论。然后，每组选两个代表参加以"谈情商"为主题的班级演讲比赛（由团支部、班委会出面组织）。同学任评委，当场亮分（10 分为满分），去掉最高和最低分，得出平均分，两人总分最多的小组便是优秀小组，演讲比赛很成功。又如"助人"的专题吧，一天，学校门口贴出了两封感谢信，是家长写的。高一的小武同学中午在游泳池救了两个 4 岁的孩子。我觉得教育的契机来了，把这个专题的材料交给宣传委员，由他们出一期"助人为乐"的墙报。班会时，要同学先去采访小武，后去游泳池察看现场，找了当时也在场帮助救人的一位工人谈情况。然后组织同学写"少年勇救落水儿童"的报道。几篇写得好的，我寄给了南昌广播电台、《南昌晚报》。电台在"青少年之友"节目几次播出了同学们的稿件，《南昌晚报》也登出了同学写的《碧波见红心》，全班、全校士气大振。再如"亲情"专题，班会时，我让同学提早回家，或为父母准备一顿晚餐，或为爷爷、奶奶、父母做一件有益的事，学生可以在本周内（包括使用双休日），有创意地完成这个专题。由同学们自己找有关名言、故事、文章，互相交流。下周班会课，同学在小组汇报一下自己做了什么，对方反应如何，自己感受又如何，然后由团支部、班委会组织一次以"亲情"为话题的班会，自愿报名发言，由同学任评委，按照事迹和表达各占 50% 的比例，评出若干优秀者，发点奖品。同学们的做法

很丰富：有陪奶奶逛公园的，有到乡下看望爷爷的，有帮父母做饭的，有帮父母捶背的，有和下岗的妈妈一起摆摊的，有到爸爸打工的地方去参观的。发言时，两位女生讲到动情处，还流下了眼泪，有位同学红着眼圈说，自己经常和父母打"冷战"，现在万分懊悔。

"临时出牌"时，我尽量让同学自己教育自己：或参加分组学习讨论，或组织参加实践，或参加演讲比赛，或组织班会交流。班主任的系统备课，可供学习讨论之用，也可供自己总结时用。

这些"系统备课"的专题，班主任可以根据班级和学生的实际情况，自行拟定；"出牌"的先后次序，也需要根据随时发生的情况加以调整，尽量做到"与时俱进"。比如我原定计划是"自尊"专题，后来报纸上登出"高中生徐力用锤子砸死母亲"的报道，我就调整为"心态"专题，复印了以前搜集的有关"心态"的材料和最近报纸上的报道、评论供同学讨论时参考。

如果你能不嫌麻烦，尝试着做一做这种"系统备课，临时出牌"的工作，就一定会发现：工作的同时，你全面地"刷新"了自己，班主任工作让你收获到了许多的智慧和幸福！

看操不如领操

黄友上

"明天上级领导来我校检查，请同学们明天做操时务必认真对待，进场要列队跑步，退场要有秩序，拿出广播操比赛时的状态，展示我校优良的精神面貌！请各位班主任明天一定要督促到位！""险情"就是命令，上级领导来检查时，班主任最怕自己班级学生"闯祸"，千叮咛万嘱咐地在班级上作全体动员，到时候怀着一颗忐忑不安的心，一脸严肃地看着自己的学生做操。

课间操的质量确实可以反映出一个集体的精神面貌，有些学校非常喜欢通过"短、平、快"的突击准备之后，让上级领导观看课间操。曾几何时，班主任到操场看操、接受值日领导点名、领取跟操补贴，似乎成了天经地义的事。有的班主任双手叉腰间，双腿分开站立在队伍前面看操；有的班主任在队伍中穿梭着看操；有的班主任手拿笔记本边登记边吆喝着看操；更甚者趴在楼上走廊"遥控"着看操……有的学校为了让班主任更有章法地看操，索性规定班主任一律要站在本班队伍前面看操。这样，既可以体现出全校一盘棋的整齐美，又能让值日领导点名时一目了然，真可谓"一箭双雕"！殊不知如此规定，让排在队伍后面的学生心里偷着乐，有的学生就想方设法地排到队伍的后面。看来如何跟操，确实值得我们思考，领导不可能天天来检查的，所以我们班主任应当未雨绸缪，把课间操这一日常工作抓出自己的特色。

　　我到江苏泰兴洋思中学参观时，发现那里的班主任在国旗下排出了一个方阵，伴随着优美的音乐旋律和学生一起做操。参与创造中国教育"洋思奇迹"的班主任为我们作出了表率，我的内心被这一体现师生平等的做法深深地震撼了，回来后便探索如何更有效地参与做操。学生广播操每隔几年就会更新一次，我以前在学校学习的广播操早已不适用。现行的新版操从"预备"节到最后的"整理运动"一气呵成，具有节奏快、韵律感强、富有时代气息的特点，很适合中小学生做。对于像我这样有几年教龄的教师来说，就明显地感到了其中的"肩部运动"、"体转运动"和"跳跃运动"比较难做到位，幸好有指导老师陈宇嵘对我的耐心指导。经过将近一个月的努力学习，我的动作总算能勉强跟上广播中音乐的节奏，初步展示了青年班主任的精、气、神，我决定到操场上与学生一起锻炼。

　　我壮着胆站在班级队伍的最后面尝试着做操，可能是大家觉得我的举动很新鲜，纷纷投来好奇的目光，如此高的"回头率"让我觉得浑身不自在，心里想着："洋思中学班主任能做到的，我也一定能做到。""在操场上做操怎么觉得这音乐的节奏特别快呢？""我要让大家看看这'时代在召唤'的标准动作！"坚持几天后，大家都彼此习惯了，班级学生确实被我这以身作则的做法感动了，做起操来明显的比别班同学起劲。我的这一举动犹如一块石头扔进平静的水面，波浪一圈圈地向周围辐射，不仅我班学生的做操态度发生了巨大的改变，甚至连站在我班级旁边的其他班级的学生也比以前更认真了，我的良苦用心终于有所回报。

这样，与学生一起体验做课间操的苦与乐，既锻炼了身体，又带动了学生更认真地做操，实在是一举两得。正在我沾沾自喜的时候，班长小钟跑来问："黄老师，您能为大家领操吗？""那我的动作做错了，你们可别笑话我噢！""好，一言为定！"班长一溜烟似的跑到教室，向大伙儿公布我答应领操的事儿。我明白，站在队伍后面做操，是不能与学生进行面对面目光交流的，如果能够站到队伍前面与学生面对面地做操，我的笑脸一定能够在 46 位学生的脸上得到复制，何乐而不为呢？我主动找到指导老师学习起领操动作来了。就这样，我被学生推到了队伍的最前面去领操，领操动作与学生的动作刚好左右相反，也许是先入为主的缘故，刚开始我会经常把动作搞错，时间一天天过去，我领操的水平在学生"善意的目光"中得到提高。校长对我说："操场上 42 个班级同时在做操，惟独你班的学生是带着笑容在做操。"领导的肯定更坚定了我们的信心，全班一条心，黄土变成金，在全校广播操比赛中我们班居然一举夺魁，完成了一个"不可能"的任务！在班会课上班长归纳出比赛成功的诸多因素，其中有一条：我们班有一个能做操、会领操的班主任。

朱永新教授在《新教育之梦》一书中谈到"理想的德育，应该重视心灵的沟通，建立起温馨的对话场景"。马卡连柯说过："我的基本原则是尽量多地要求一个人，也尽可能地尊重一个人。"所以，我们必须和学生建立一种平等的相互沟通、相互督促的关系，在教育教学活动中培养学生的德性。看操，学生是在班主任监督下的被动做操；领操，是班主任督促学生认真做操的过程，更是学生督促班主任做操动作是否到位的过程，学生是在班主任引领和鼓励下的自主做操。二者所体现的教育观念不同，所获得的效果也不同。

我以"领操"为起点，充分尊重学生的需求，亦师亦友地引领学生自主成长，与学生一道共同谱写出自己的教育历程。当年，我被评为"县首届名班主任"，次年荣获"温州市园丁奖"。这真是，看操不如做操，做操不如领操。

班干部违反纪律处理要稳妥

黎志新

班干部违反纪律，不同的班主任会有不同的反应：

场景一：

班主任："啊，你还是班干部呢！怎么带的头啊？丢脸！"气急败坏地大骂一通，而后是重罚。持这种做事风格的班主任往往会在班规里有类似"班干部违反规定者加倍扣分"的规定。

场景二：

班主任："怎么搞的，你也违反纪律？这次就算了，下不为例啊。"轻描淡写的一番谈话后就不了了之了。持这种做事风格的班主任往往呵护着班干部。

这两种处理方式往往会造成这样的后果：前一种方式，班干部的威信被严重损害，班主任只顾重罚而忘了维护班干部的威信，造成被重罚的班干部与班主任"距离"越来越远；后一种方式，让学生觉得班主任是班干部的一把特大保护伞，严重地损害班主任的威信，也助长了班干部颐指气使的自负脾性。

其实，"纪律面前，人人平等"，班主任做事的基本原则就是：公正、公平、民主。既然如此，就不存在"班干部违反纪律怎么办"的难题，违反纪律就得照章受罚。李镇西老师和他的学生们共同制定的班规里，明确地规定了包括班主任在内的条款，班主任违反都得受罚，何况班干部呢？所以，第二种处理方式没有存在的理由。班主任不能为了维护班干部的面子而让自己的威信在全班同学面前荡然无存。

班干部违反纪律之后，关键不在于罚不罚和怎么罚的问题，而在于如何让班干部心甘情愿地受罚，在于罚了之后，班主任如何做好安抚工作。那么，我们应该怎么做呢？

1. 要有冷静的头脑

"人非圣贤，孰能无过"，何况一个孩子？是啊，作为学生，无论哪一个违反纪律都是再正常不过的事情。既然这样，就没必要对班干部犯错误大惊小怪了。班干部犯了错误，他已经惴惴不安了，如果再将他骂得狗血喷头，会让事情变得更糟。班主任应该冷静地对待每一个学生所犯的错误，正确地对待班干部所犯的错误。

2. 要有一双善听的耳朵

学生违反纪律之后，不少班主任总是情绪激动地大声呵斥学生，指责他的不是，尤其是有些学校用量化管理，学生违反纪律的次数和班主任的津贴挂钩，这更刺激班主任的激动情绪，于是，很多愤激之语张嘴就来。其实，他之所以成为班干部，就是因为他犯的错误比别人少，他得到比别的同学更多的信任，于是同学们选他当班干部，你也认可他。他犯错误总有他的原因，我们不妨多点耐心，静静地倾听学生陈述理由：也许他家有事，上课迟到了；也许他路遇同学，路上耽搁了；甚至会一时抵制不住诱惑，上网吧了；也许他和同学闹矛盾了，想走出教室散散心；也许他财物失窃了，冲动之下也想报复一下……"上帝给我们一张嘴两只耳，就是让我们学会倾听的。"也许当你听完他的陈述，情绪就会有所缓和，继而找到处理的办法。

3. 要有一颗公正的心

班主任做事最忌讳的就是一碗水端不平。"两套标准"，全班同学制订的规章制度不可爱罚则罚爱废则废。"诸葛亮挥泪斩马谡"为我们树立了"军中无戏言"的榜样。

    4. 要给予温柔的安抚

    惩罚之后，要及时地找犯错误的班干部做思想工作，让他们明白一个最基本的道理：纪律是一切制度的基石，组织与团队要能长久存在，其重要的维系力就是团队纪律。要建立团队的纪律，首要的一点是：这个组织的领导者自己要身先士卒维护纪律。火炉面前人人平等，谁摸谁挨烫。班级制定班规不是为了惩罚某个人的，而是为了约束大家的日常行为的。"国有国法，家有家规"，惩罚不是目的，而是建设的手段。"过而能改，善莫大焉"，犯错误的班干部依然是老师的好助手、同学的好榜样。

    "纪律可以促使一个人走上成功之路。"怡安管理顾问公司的陈怡安博士曾说过："领导者的气势有多大，就看他纪律有多深。"一个好的领导者必定是懂得自律的人，而且也一定是可以坚持及带动团队遵守纪律的人。所以，班干部违反了纪律，就得一视同仁，按照班级规定行事，但处理前要了解原因，处理时要冷静，处理后要及时安抚，让全班上下心服口服。

班主任要会神奇"忽悠术"

朱国红

    "忽悠"似乎是东北方言。最早听说"忽悠"，是在赵本山表演的小品《卖拐》中。我个人理解，"忽悠"本来指晃悠、晃动，多数情况下可以理解为晃动人原来的认知，就是不知不觉地让被"忽悠"的人心甘情愿地进入预先设置的"圈套"和"陷阱"。当我把自己多年班主任工作的所谓经验归结为两个字——"忽悠"的时候，很多人不以为然，认为我"欺骗"了学生的感情。但是当我把很多的教育案例搬上"教育在线"论坛时，老师们开始信服"忽悠术"

的神奇。有老师这样评价："忽悠术"用诸教育，虽不是小舟（本人网名：清澈小舟）的独创，但小舟仍可称为第一个有预见、有目的、有目标、有计划地用心用术"忽悠"的人。

在这里，"忽悠"就是点化、夸赞、欣赏的代名词，班主任老师如何能够让学生守纪律、爱学习、做好事、做好人，那就需要掌握神奇"忽悠术"。读书的时候，我"忽悠"着孩子们和我一起读《给教师的建议》、《爱的教育》，我的学生能大段地背诵其中的片断，并且以此来衡量和评价各位老师的教育教学，判断自己的行为观念正确与否；早上到校以后，我"忽悠"着孩子学会感恩，每天早上教室里飘荡着爱心歌曲《感恩的心》，进教室后默默在心中许个当天的心愿，并且为此而努力；学习上，我"忽悠"着孩子找到自己的发展点、兴奋点、特长点，从而点上出彩，激励自信，全面提高成绩；运动会上，我"忽悠"着孩子们超越自我，创造奇迹，勇夺文字宣传第一、纪律卫生第一、体育成绩第一……多年来，我"忽悠"着那些谁也不愿意教的"差班"成了"优秀班集体"，"忽悠"着那些所谓的"滚刀肉"孩子进了重点中学，"忽悠"着孩子们乐观、向上、勤奋、守纪。请看运动会上的"忽悠术"。

（1）巧设情境，让学生踊跃报名。

《运动员进行曲》响起来，把学生带进运动会的"场"中，让学生的内心先跟着兴奋起来。这时候，班主任老师的"忽悠语"要求真情、热情并重，让学生兴奋的心跃跃欲试，促使他们踊跃报名。

（2）大力宣传，激发热情。

"忽悠"学生要文武双全、文韬武略，人人写出一手优秀的宣传稿。早自习，运动员往前一站，写宣传稿的同学慷慨激昂地朗诵起来，然后让运动员谈听后感受。如果随之激动了，说明稿子是合格产品，可以到运动会上向全校进行宣传，争夺宣传奖，运动员则按照稿子上赞美自己的内容苦练一个月；如果不激动，宣传稿需要继续修改完善，运动员按照自己想激动的样子去训练。

（3）坚持不懈，"忽悠"成功。

每天都有同学们伴着《运动员进行曲》进行宣传激励，运动员每天都在正面激励中受到鼓舞。坚持一个月后，学生会以饱满的热情投入到运动会中，效果便是宣传到位，成绩斐然。这个办法屡试屡胜，体育不行的那些班到我这儿都会创造奇迹。

要想拥有神奇"忽悠术"，班主任老师要有如下两点认识：

1. 坚决肯定，树立自信

班主任老师应该永远记着：不要轻易否定学生，试着用我们的一双充满关爱的眼睛去智慧地发现学生的优点，放大学生的优点。这样，我们眼中、心中的学生就会是一个个可爱的生命个体，学生回馈给我们的是自信、健康、阳光的心态。在和学生相处的过程中，抱住"欣赏"不放松，说你行你就行，树立自信获成功。美国心理学家詹姆斯先生说过："人类本质中最殷切的要求是渴望被肯定。"所以，鼓励和欣赏是永远也不会过时的教育方法。

2. 创造机会，全员参与

机会面前人人平等，不论是学习还是搞活动，我们都要鼓励学生全员参与，一个都不能少。尊重学生的参与权，学生参与的时候就会创造奇迹；尊重学生的说话权，学生就会表现出非凡的口语交际才能；尊重学生的集体生活权，学生就会学会合作和关爱。千万不要以拒绝学生参加集体活动作为对学生的惩罚，在群体性活动中学生会学到许多，悟到许多……

有了正确的认识做依托，用我们丰富的语言、有力的形体动作、富有启发性的表情去引导学生，用我们的激情、热情、真情去感染学生，用我们积极正确的情感、态度、价值观去影响学生。那样，我们与学生相处起来真的是其乐融融，且收获颇丰了。

找准地方与孩子谈心

陈惠芳

但凡做班主任的，总免不了与孩子谈心。谈心的原因有很多种：当孩子犯错时，老师要找他谈心；当孩子遇到学习上的困惑时，老师要找他谈心；当孩子与孩子之间出现矛盾时，老师又要找来谈心；当父母与孩子之间出现问题时，老师还是要与学生谈心。

难怪有班主任老师坦言：我仿佛成了孩子的"高级保姆"，什么事都要管，当班主任实在有点累。

谈心过后呢，我们又会发现：有的孩子有了明显的进步，可有的孩子还是老样子。有的老师谈心有方法，孩子愿意听；可有的老师苦口婆心，无论说什么，对孩子不起任何的作用，甚至令孩子产生逆反心理。

为何同样是谈心，却出现迥然不同的效果呢？我认为是老师要找准地方与孩子谈心，才能真正发挥谈心的功效。

记得一个寒假里，一个上高中的孩子来看我，无意间给我说了这样一个故事。一次夜自修，因为晚饭的菜不太好，所以上到八点左右，他就与同桌偷偷溜出去吃肯德基。虽然在夜自修结束之前赶回了教室，但还是让班主任知道了。不知怎的，3 天过去了，班主任并没有找他谈心，心中便暗自窃喜。啊！到底是省优秀班主任，可能原谅我们了。谁知到周五晚上时（一般的孩子都要回家，那天不上课），班主任却发出了邀请，请我们 3 个出去散散步。我们欣然答应，只是不知她葫芦里到底在卖什么药。走着走着，老师带领我们来到了一个地方——哇，这不是肯德基餐厅吗？

"老师，您是不是走错地方了？"看着我们一脸的迷惑，老师却笑着说："哦，今天老师发表了一篇文章，拿了不少稿费，想请你们吃肯德基。"我们心想：今天老师一定要好好训我们一顿了。餐厅里人很多，老师买了几份套餐，要了几杯饮料，选了一个僻静的地方坐下，我们三个紧张得很，生怕她……可是她好像全然不知那件事，只字不提。老师与我们闲谈着，还不时地称赞这里的气氛确实不错，她跟我们讲的话题没有涉及那次的"出逃事件"，只是要我们以后遇到学校食堂的菜不好吃的时候，跟生活委员提个建议。

我心里全明白了，老师是知道那件事的。吃肯德基是假，要我们改正错误是真。只是在那个地方，我们一下子都明白了，并接受了老师无声的批评。以后我们再也没有犯过规，倘若遇到饭菜不对口味，会及时到生活委员那里去诉苦，让老师去反映某些情况……

看着他对老师的那份感情，我也感动了。联想到我曾经从同事批阅的作文里读过这样一篇作文：《老师，我想对您说……》。

　　老师，我想对您说，您跟我谈心，能否换个地方。每次您找我去，要么是带着我来到我家里，当着我的父母，把我的不是一一数落，换来的就是父母的一顿毒打；或者是在您的办公室里，当着其他老师的面，您把我在课堂里的表现一一列举；（这时其他的老师还会时不时插上几句，众目睽睽下，好像我是一无是处的，真想挖个洞钻了进去）还有就是在课堂里，当着很多同学的面，跟我细细道来。（过后总是有同学模仿了您的样子把我训一下，我的脸面何在？）虽然您每次都叫我坐下来跟您说，您的态度也很温柔，您的心思我也明白，不就是为我好吗？可是，我的心不知被什么割着，痛苦得很。我知道我是个淘气的孩子，您是个好班主任，经常与我们谈心，了解我们的所思、所想、所感。但是，我真的希望您能换个地方，一个让我能静下心来倾听您的地方，这样，或许我的内心会好受些……

看了孩子的作文，我想老师们一定有许多的感慨，从中也不难看出孩子内心所需要的到底是什么。当我们怀着真诚的心与孩子交流时，一定是从内心希望孩子能改正不足，唤起自信，扬起理想的风帆。所以，我想孩子说得没错：换个地方与孩子谈心，说不定效果就不一般。我们不妨从几方面着手：

老师首先要做好充分的心理准备。找一个什么地方与之谈心，为什么找这个地方？是为了引起孩子的回忆，还是希望环境能使孩子改变一些什么？总之，这个地方能让孩子愉快地接受比较好。

找准谈心的地方后，一般选择个别谈话的方式。师生可以面对面坐着，这样可以减少孩子的心理压力，不会有太多的顾及，以心换心的效果更为明显。老师至少能触及孩子灵魂深处，帮助找出"病因"，然后对症下药；孩子会"痛定思痛"，说不定就能走出迷惑，改正缺点，完善自我。

找准地方后，教师谈话也需要讲究艺术，要多用肯定的语气。每个孩子都希望得到老师赏识，班主任与孩子接触的时间比较多，对孩子的了解相对多一些，倘若注意说话的语气，多使用肯定的语言，多使用鼓励的语气，多用赏识的手段，那么，孩子改正错误的可能性就会大一些。明代教育家王阳明曾经这样说过："今教童子，必使其趋向鼓舞，中心喜悦，则其进自不能已。"学生的这种"自不能已"的境界，也就是"不需要教"。与孩子谈心，孩子需要的是一种精神上的力量、一种心理上的支持，不是空洞的说教，所以多使用肯定的语气对孩子来说应该容易接受些。

新课程的实施要求教师不断改革自己的教学方式与教学行为，那么找准地方与孩子谈心，必能使孩子在老师的爱心感召下说出疑问，激发兴趣，燃起热情，消除心理障碍，发展自我，从而拥有一个丰富的精神世界。

承担师生冲突的百分之一百责任

万　玮

请看一位班主任的委屈

我最近很倒霉，因为我被家长投诉了。起因是我批评了一个学生，那个学生非常恶劣，他欺负同学，破坏课堂纪律，还拼命狡辩不肯承认，并当面跟我顶撞，我实在忍无可忍，骂了他混蛋，并且让他在办公室里站了一个上午。后来我就接到电话，让我到校长办公室去一趟。在校长办公室里，我发现那个学生的父亲很生气地坐在那里。校长严厉地批评了我，并且要求我向家长赔礼道歉。我虽然给校长面子，向家长认了错，但是心里却很郁闷。这种家长，一看就是没文化的样子，除了有点钱，他还有什么？投诉我，也不撒泡尿照照自己！他们家孩子变成这样，还不都是他教出来的？老师们都说，学生是家庭的一面镜子。我虽然暂时低头，但心里实在无法想通！

师生关系出现问题，教师要有承担百分之一百责任的勇气，即使对方先有错，即使主要是对方的错。这是一种态度，态度决定一切。

我们学校有一位老师，刚刚来学校工作的时候条件非常好，教生物，而且计算机和英语都很棒，普通话讲得也好听，长相也不错，所有的人都觉得眼前一亮。

可是六七年过去了，她的计算机和英语水平依旧不错，生物课却上得一塌糊涂。她对学生很凶，学生都很怕她。除此之外，她没有任何长进。

她有一个最大的特点，就是喜欢抱怨。你跟她在一起，只要谈到学校的事情，就会听到她的抱怨。抱怨学校的待遇不好，抱怨学生素质低，抱怨学校规章制度有漏洞，抱怨教材编得水平差，抱怨班主任不配合，抱怨家长不懂教育，抱怨领导乱弹琴……所有能抱怨的几乎都被她抱怨光了。

碰到什么问题了，你去跟她商量，她总是一副振振有词的样子，她能举出各种理由来证明她是没有错误的。她的思路清楚，言词确凿，你很难驳倒她，你只能在心里叹气，一颗好苗子，就这样被她自己糟蹋了。

她这么多年来不长进其实是可以预料到的。一个人，如果碰到问题总是首先寻找别人的原因，从来不反思自己的问题，那么，他就不会发现自己的问题，也就根本不可能想方设法去改进。她今天犯这个错误，明天还是会犯这个错误，她的水平永远不会提高，也不可能提高。

学生的行为出现问题，家长有没有责任？当然有！现在学生的很多问题都是由于不良的家庭教育造成的。但是抱怨家长有没有益处？没有！因为每一位家长都有他的职业，他把主要的精力都放在挣钱养家糊口上，而我们教师的职业就是教育，我们是吃这行饭的，这是我们的工作。有没有医生把病人治死了反过来怪家属的？有没有医生把病人治死了反过来怪病人的？我们要有一点专业精神，否则，自己教育不好学生，反而怪你怪他，也就难怪别人看低教师这个职业了。

当我们有了承担所有责任的意识，我们才可能深刻地反思自己；也只有对自己进行深刻的解剖和反思，我们才可能在犯过一次错误之后，不再犯相同的错误。于是我们就越来越接近一名优秀教师的标准。

当学生没有完成作业时

魏智渊

做班主任，经常会遇到学生不能按时完成作业的情况，这非常令人恼火。老师通常的反应是批评，还可能伴随着一些惩罚措施，比如罚做作业等等。

因为在私立学校任教，这种情况更为普遍，而且惩罚几乎已经不能起到作用了。于是往往引起惩罚的升级，以此形成恶性循环，到最后，不是老师举手投降，彻底放弃，就是学生屈服于高压政策，师生关系高度紧张。偶尔的两件事情引起了我的思考。

一次是在我非常严厉地要求作业必须交齐之后，学习委员在办公室里清点登记，缺作业的人只是极个别的。第一个查出来的是李阳（化名）。我心里冷笑：又是李阳！已经是惯犯了，看我这次怎么收拾你！然后在心里勾画着如何处理这次不交作业事件。但是令我意外的是，第二个查出来的是张鑫（化名）！这是班上数一数二的好学生，是几乎从来不欠作业的。我马上想，一定是忘带作业本或者有其他的事情忘记了，心里一下子平复了许多。

随后我就开始警示自己：同样欠作业，为什么看到李阳的名字我就断定他是出于懒惰和抗拒，而看了张鑫的名字就立刻替他找出了这么多理由？这样一想，我就出了一身冷汗！原来我们老师就是这样在塑造着学生。我们心目中有一个学生的图像，而学生往往也就按我们心中的图像发展！

另一次是在检查背诵的时候，学生陈军（化名）又没有背下来。这个我一点都不奇怪，因为在我第一次找他谈话的时候陈军就明确地告诉我："老师，我妈妈说了，我是儿童多动症，缺锌！"
而事实也正是如此，几乎所有的老师都对他丧失了信心，认为这
个孩子是不可能教育好的，也不可能完成作业，有些老师对他表
现出强烈的厌恶，甚至当面骂他没有修养。因为他没有完成背诵
任务是意料之中的事情，我也并不生气，反而起了兴趣，跟他谈
心，一步一步地追问他为什么没有完成作业。他跟我谈了一些理
由，比如对古文不感兴趣，数理化作业太多，记忆力不好等等。
我先跟他讲了学习古文的必要性，包括应试方面的重要性，也告
诉他，学习不能仅凭兴趣，有时候是要付出代价的。最后给他提
了一些背诵的建议，针对他提出来的一整篇一下子背不下来的问
题，我与他约定每天背一小段，第二天早读时检查。那一段时间
每天早晨我准时站在教室外面等他出来，结果几大篇古文竟然这
样啃完了。

　　这两件事情进一步坚定了我的一个观念：老师，遇到问题一定
要有研究意识，不要老考虑着怎么办，而先要考虑为什么。先分析
问题，然后再解决问题。

　　学生没有完成作业，未必一定是出于懒惰或者习惯不好。原因
往往是多方面的，而且每一个学生都可能有一些非常具体的原因，
比如生病、忘带相关工具等。老师首先要问，学生为什么没有完成
作业？是作业布置得有问题，比如过难做不了、过易不愿意做、过
多做不完、过偏无必要做等等，还是学生这边出现了问题？比如其
他学科这几天正好作业也多，出现了挤压现象，习惯不好，时间抓
得不紧，结果拖到最后完成不了等等原因。如果是老师的原因，老
师则首先要检讨自己。如果是学生的原因，则要帮助学生分析症结
所在，得什么病吃什么药。实践证明，学生完成不了作业往往是双
方面的原因，因为完成不了作业的学生往往基础不好、成绩不好，
老师的作业又是面向大多数学生的，对他们而言过难，因而产生了
畏难情绪并且事实上也无法完成，只好抄或者赖了。如果是这样的
话，老师一方面要考虑在必要的时候降低对他们作业的要求（即分

层作业策略），通过谈话鼓励他们，激起他们的信心，同时通过及时的督促，培养良好的习惯。如果这样的话，作业问题也就不难解决了。

而实际上，许多老师喜欢大刀阔斧地工作，不屑于做细致的区分。如果学生作业没有完成，首先认为是学生品质有问题，是故意与自己对抗。这实际上是一种错误的态度，是把复杂问题简单化、泛道德化。

班主任要协调好任课老师和学生的关系

石凌云

昨天教英语的李老师向我诉苦，说班里的孩子和她发生了冲突，她感到很伤心。李老师是一个工作不到一年的女孩子，教学经验不足，但她年轻，有热情，长得也很漂亮，应该和学生的距离很小，怎么会发生冲突呢？

通过了解，我知道了事情的经过。原来，上晚自习的时候，班里有一个叫王林（化名）的学生因为太胖，天太热，跑到风扇下别人的位置上去坐了。李老师说他，让他回原位置去坐，他也不听，而且带着反抗情绪大声在教室讲话，还和旁边的学生下五子棋。李老师忍无可忍，大喝一声："你们这些人真贱！"此话一出口，李老师就后悔了。她在心里埋怨自己"我怎么能这样说话呢！"但说过的话像泼出去的水，要想收回很难。其实，也不容李老师收回，王林就马上反驳回去："老师，你怎么这样说！我们贱，你贱不贱？"一句话把李老师憋得眼泪直在眼眶里打转，李老师只好说："哪有你这样的学生，你给我出去！"王林也不甘示弱，大声地说："老师，你没有权利让我出去！"事情到了这种地步，李老师没有办法，一些不经过思索的话又脱口而出："那你明天不要来上课了，这个教室里有你，我就不来上课。"教室里安静下来，李老师的眼泪再也控制不住，夺眶而出。一个懂事的女孩子默默地递给老师几张纸巾，英语科代表也马上到办公室找我，可那天我正在开会，科代表没有找到我。李老师用语言作武器，伤害了同学的心，而得到的也是同样的伤害。

确实，好多班级都有过这样的情况。作为学生，他们怕班主任，而不怕任课老师，特别是比较年轻的老师；他们对班主任的话言听计从，而对任课教师却不屑一顾，所以课堂教学中会有许多学生因违反课堂纪律而与任课教师发生矛盾。这既影响了任课教师的上课情绪，同时也大大降低了学生的学习兴趣，甚至有些学生因此而放弃了对该学科的学习。这样，班主任无形中还多了一项工作，那就是处理好学生和任课老师的关系。有时候，事情由不得你，偶然事情发生了，你不想处理也得处理。

担任班主任工作有一点我认为是极其重要的，那就是班级成绩的好坏、班集体的建设与任课教师的教学工作关系密切，良好的师生关系是推动教学的强大动力。因此，班主任要十分注意协调学生与任课教师之间的关系，化解他们之间的矛盾，充分调动任课教师的积极性，激发学生的学习热情。

首先，班主任老师要突出任课教师的地位，强化学生的尊重意识。

比如李老师是英语老师，作为班主任，我有义务向学生强调，英语是三大主科之一，在以后的学习和工作中也非常重要。英语老师是没有结婚的女老师，是一个比你们大不了几岁的女孩子，你们要像尊重自己的姐姐一样尊重她。也可以从学生的思想教育工作入手，强调做人的根本是尊重他人，特别是要尊重那些无私奉献的任课教师们。

其次，班主任要创造机遇，架起师生间友谊的桥梁。

我们知道，一个学生如果对某任课老师有良好的印象，就会带动该生的学习热情，使该生对此学科产生浓厚的学习兴趣，进而收到良好的教育效果。但任课教师接触学生仅局限于 40 分钟的课堂，面对面地与学生谈心、交流的机会很少，所以班主任就应该努力创造机遇，在学生与任课教师之间架起友谊的桥梁。比如说每次班会或大型活动，让科代表把所有的任课教师请来，把任课教师分别安排在各学习小组中，并安排适合该教师的节目，让师生一起开展活动。这种活动不仅能加深彼此的了解，而且在和谐愉快的氛围中也比较容易建立起深厚的友谊。此外，每到有纪念性的节日，如教师节、中秋节、元旦等，班内派科代表牵头送给每位任课教师一句"贴心话"，甚至在任课教师的生日时，可以点拨学生送去一份小小的祝福。这样一来，所有的任课教师都不会因为课堂纪律分心，良好的师生关系创造了轻松愉快的课堂氛围，也带来了各学科成绩的提高。

最后，班主任老师要加强宣传，树立任课教师的威信。

有的任课教师是刚刚走上讲台的年轻教师，与老教师相比，他们对教材的挖掘能力、熟练程度及教学经验等方面都略显不足，这很容易使学生对他们的教学能力产生怀疑，影响他们在学生心目中的威信。这时就需要班主任想方设法填补他们的空白，必要时为他们捧场补台。这方面，可以经常利用适当的机会宣传任课教师的长处，如向学生介绍任课教师的毕业学校、当年高考成绩及他们在大学的优秀表现等。另外，年轻教师在学校的每一次成功表现，班主任都要及时介绍给学生，如有老师荣获"青年教师课例大赛"第一名，有老师代表本组上省级公开课获得好评等。这样的宣传大大缩短了师生之间的距离，树立了老师的威信，为创造良好的授课环境铺平了道路。

对于我们班发生的这件事，我不想说李老师什么，她还年轻，以后她会知道老师不应挥出语言这把无形的刀去伤人。但作为班主任，这件事情我要赶紧处理，而且要处理好。我首先找王林谈话，王林也认识到自己那天的话太伤人，对一个女老师来说，还伤得很厉害。我趁热打铁说："王林，如果你有一个姐姐，你会这样说吗？"王林摇摇头。我说："如果你无意中伤了人，你该怎么办？"他说："我要当面主动向她承认错误，对她说一声'对不起'。"当天上午英语课上，我听到了我们班级的掌声，我想李老师肯定原谅了那个不懂事的王林。

很多班主任往往不是给学生讲道理，而是命令学生写检查，检查一写，万事大吉，学生没有认识到自己错在什么地方，虽然表面上服从了，但和任课老师的冲突有可能还会发生。所以，班主任要想从根本上解决问题，对学生进行的道德教育，一定不能采用命令训斥、威胁利诱、强制执行等方式。

班主任的管理工作是多方面的，但协调学生与任课教师的关系是班级管理工作中不可忽视的内容。协调好学生与任课教师之间的关系，班级就会出现新的气象，就会让学生感到我们的任课教师是最好的，是最认真的，最负责任的，从而搞好班级的各项活动。

山不过来，我就过去

严娟娟

宇，我们班的现任班长，思想较复杂，不属于那种清澈透亮、一眼就可以看穿其心底的孩子。对他，我总是无法发自内心地喜欢他、欣赏他。

上学期"六一"前夕，学校让选各种奖章的得主。记得选"礼仪章"时，我先提了几个同学的名字，当时宇就在底下问："老师，是你选还是我们选？"教室里突然就静了下来，我心里有些生气，但还是平静地说："宇，我只是想说明这几个同学符合'礼仪少年'的标准，但是没有说就定他们了呀!"虽然自己当时显得很平静，但我语气中很不友好的味道大家都感觉到了。因为这件事，我们之间悄悄地产生了一些隔阂。我尽力让自己喜欢每一个学生，但是很长时间，对宇，真的是喜欢不起来。

这学期开学，我们重新改选班委，采用竞选的方式。那天竞选时，宇没有参与。当时，面对不是很热烈的竞选场面，我对学生们说："没有人竞选班长? 没有班长怎么行? 没有班长，学校分下来的一些工作怎么做?"这时，听到宇在下面说："那就不做了!"这话从目前还是我们班长的宇的口里说出，就如同大冬天一盆冷水冷不防浇在了头上。这盆冷水浇得我半天说不出话。我控制着自己，接着宇的话对同学们说："宇说我们就不做学校安排的工作了，这行吗? 可能吗? 我们还是学校的一个集体吗? 这话从我们的现任班长宇的口里说出，我的心透凉，也感觉非常悲哀!"听了我的这些话，宇脸上的表情极不自然。

班会结束后，尽管多数班委都被确定下来，但我的心情却很郁闷。我知道这个疙瘩就是因为宇，宇的举动让我很不舒心。这个疙瘩就让它这样持续下去，越滚越大? 不，我要解开这个疙瘩! 我把宇叫出了教室，还没说几句，宇的眼泪就往下掉。我说："怎么了? 有什么事就跟老师说。"宇还是在流泪，沉默了一会，他说："老师，我不想说……"这个"不想说"让我心凉。看来，宇还是不想对我敞开心扉。看着流泪的宇，我决定换一个话题。我轻轻地对宇说："你的英语这个学期一定要努力，老师很为你的英语着急。老师留的需要背诵的部分，以后你每天都来给老师背（每天我是让组长检查同学的背诵情况），好吗? 我们俩一起努力，争取让你的英语在这个学期有起色。"宇点了点头，但他突然说："老师，像刚才班里那样的事，您最好下来私下里和我说，不要当着班里同学说，行吗?"我说："行!"我明白了，刚才宇不想说的可能就是这件事! 我突然意识到自己的失误。宇是一个很要面子的学生，我几次当着同学们的面，针对他的问题让大家发表意见，况且，我话语中透出了对宇的不满与愤怒，这也许让他感觉非常难堪，我对自己的不够宽容感到自责。

和宇谈话之后，想起他溢满泪的眼眶，我不得不提起笔，我决定给宇写封信。我要开始主动走近宁，我不能让宇远离我，我要用我的真诚打动他，我要让宇感觉到老师对他的关爱与期望，我要让宇明白，老师就是他的朋友。第二天，我把信交给了宇，宇没有回信。下午大课间，宇拿着英语书来到我的办公室。他记着昨天我说的话！宇，他主动来让我检查他的背诵情况了，我心里非常高兴！这是一个好迹象。当我开始向他走近的时候，他感觉到了这份关爱，他也向我走了过来。后来的几天，凡是我要求背诵的英语对话，宇都是在课间来办公室给我背。突然发现，宇也是那样可爱。

在老师和学生之间出现矛盾时，主动来缓解彼此矛盾的应该是老师。传统的师生关系决定老师处于强势，学生处于弱势，学生不会主动接近老师来缓和气氛，只有老师主动接近学生。老师就如同学生的父母，要能包容学生。虽然宇和我之间有些隔阂，但当我把真诚与关爱给予宇时，他感觉到了这份真诚，那颗远离我的心开始向我靠拢。当我改变自己的心态，主动接近宇，尽力来发现宇身上的优点，用欣赏的眼光来和宇相处时，我发现，原来我和宇之间也可以有那种心的愉悦。

"天空收容每一片云彩，不论其美丑，故天空广阔无比。"在和宇的交往中，我更深地理解了这句话。当与学生之间出现摩擦时，要有一颗包容的心，要有宽阔的胸襟，山不过来，我就过去，主动迈出一步，真诚地走近学生，迎接你的将是一片快乐、和谐、真情飞扬的天空。

和学生一起过"洋节"

黎志新

近年来关于"土节"和"洋节"的争论很多，不仅出现在高考的模拟题上，还搬上了电视。这其实不是一个"东风压倒西风"或者"西风压倒东风"的大是大非问题，有些东西，无须争论。

"土节"味儿不浓，是我们没有把根留住；"洋节"越来越受国人重视，也未必是坏事。"洋节"也确实有它的优势：温馨的情感切合了永久的人性，轻松的气氛缓解了工作的压力，新颖的元素满足了人们的好奇心……既然这样，我们就和学生一起过节吧！

首先，我和学生开展了一个"西方节日知多少"的知识问答活动。存这个活动上，大家很活跃，知道的大胆发言，不知道的则兴味盎然地抄录知识要点，一个小时的活动课，师生都对西方的节日有了较为全面的了解：情人节、复活节、圣诞节、感恩节、父亲节、母亲节、愚人节……

其次，引导同学们审视过节的心态。西方有很多节日，但中国人最喜欢过的节为数并不多，最火爆的莫过于情人节、圣诞节了。情人节里，玫瑰花暴涨；圣诞节，电子卡片满世界飞。为什么呢？复活节象征重生和希望，为什么不过复活节？万圣节是纪念所有圣徒的日子，为什么不过万圣节？话题刚一提出，便有同学说："老师，那些节日不好玩。"是的，多数人是为了"好玩"而过"洋节"，其实，西方很多节日是为"感恩"而设的。我们，可以把"洋节"过得不仅好玩，而且有意义。

有了一段时间的蓄势，我们筹划着过"洋节"了。

125

1. 母亲节，五月的第二个星期日

活动时间：星期日晚自习

活动主题：送给妈妈的祝福

活动筹备：提前一个星期布置师生同题作文，以"母亲"为话题。文娱委员负责找音乐，宣传委员负责讲台设计，组织同学们参加活动。

在活动会上，同学们点起蜡烛，音乐《烛光里的妈妈》响起，一个个同学拿着作文到台上朗诵。烛光点点，旋律深情，同学们都走进自己的情感世界里，走进对妈妈的感激和祝福中。

最后，我也和着音乐读了自己的文章，教室里安静极了，只听见音乐和朗诵的声音……

2. 父亲节，六月的第三个星期日

活动时间定在星期日晚上，师生共同欣赏罗中立的油画《父亲》。大屏幕刚刚打出这幅油画，同学们"啊"的一声叫了出来。是的，这幅画太震撼人心了。同学们久久地凝视着画面，我静静地伫立在讲台一侧，不忍心打破这寂静。过了许久许久，我才问："我知道不少人有话要说……"话音未落，就有同学站起来了："我想起我的父亲，他像极了我的父亲……"话被哽住了。又有一同学站起来："我看不见他的眼睛，太深了，里面承载着太多太多的东西……"话未说完，泪已滑落……很多同学都站起来了，没有举手，没有提问，没有规定内容，没有评价，只有倾诉，只说这幅画，只说"父亲"……

活动的末尾，我放了赏析的录音，全班又沉浸在一片凝重的寂静中。

3. 感恩节，十一月的最后一个星期四

活动时间定在星期四的语文课上。

主题音乐：《感恩的心》

很多同学对感恩节都不熟悉，我先介绍了感恩节的来历：

感恩节的由来要一直追溯到美国历史的发端。1620年，著名的"五月花"号船满载不堪忍受英国国内宗教迫害的清教徒102人到达美洲。1620年和1621年之交的冬天，他们遇到了难以想象的困难，处在饥寒交迫之中，冬天过去时，活下来的移民只有五十来人。这时，心地善良的印第安人给移民送来了生活必需品，还特地派人教他们怎样狩猎、捕鱼和种植玉米、南瓜。在印第安人的帮助下，移民们终于获得了丰收。在欢庆丰收的日子，按照宗教传统习俗，移民规定了感谢上帝的日子，并决定为感谢印第安人的真诚帮助，邀请他们一同庆祝节日。

我说："滴水之恩，涌泉相报，正因为有许多人的帮助，我们才茁壮成长。今天，你是否记起了他们的故事？让我们静静地回忆，回忆你和恩人之间的美丽往事。"

感恩的心，感谢有你
伴我一生让我有勇气做我自己
感恩的心，感谢命运
花开花落我一样会珍惜……

音乐在教室回响，不少同学在托腮沉思，有的拿出稿纸，奋笔疾书。10分钟以后，大家讲述发生在自己成长路上的真情故事……

这是一个开放的时代，也是一个多元的时代，"海纳百川，有容乃大"，唐朝以阔大的胸襟迎来了大唐盛世，清代却用闭关锁国的政策把中国带进了落后挨打的深渊。面对来自异域他邦的文化，我喜欢和学生们一起走进这座百花园，"擦亮眼睛"辨清哪些是端庄高洁的君子兰，哪些是漂亮却害人的罂粟花，我们向上帝借一双慧眼，留住"君子兰"，使我们的生活更加芬芳。接纳"洋节"显现了一个正在崛起的民族海纳百川的气度，拥抱"洋节"丰富了一个正在奋进的民族丰富多彩的生活。

让班级成为群星闪耀的天堂

陈 胜

2000 年 9 月，已当了一年班主任的我反思着班级评优方案。"三好"，每学期都是那些人，只要成绩好，一好遮百丑。而且我发现，对少部分人的奖励有时不但没起到激励作用，反而成了对多数人的打击。许多同学在选"三好"问题上已表现得很麻木。他们认为，反正没有我的份，谁当选关我屁事。如何调动学生争先创优的激情？如何让更多学生找到自信和自尊？我思索着出路。

开学后不久，我在教室前墙上挂起一块小黑板，在上面写着几个大字：第一学月希望之星。

在学生诧异的眼神中，我解释了评比细则：

同学们，在国庆节前夕，我们班将评选一批"希望之星"。为什么叫"希望之星"呢？我们认为：无论你过去表现和成绩如何，只要你有上进心，只要有进步，就大有希望，就可以成为全班同学的榜样。当选为"希望之星"后，更应该积极选取，稳中求进。在第二学月同样有资格平等地享有候选资格。同时，我们对这些优秀分子还有精神和物质上的双重奖励，并根据一学年中当选次数多少决定角逐校级、县级"三好"和"优干"评选的资格。

请看下面，我们将分别评选出这几类"希望之星"："学习骄子"——学习成绩有显著进步或者非常优异的同学；"艺体明星"——有音、体、美等方面特长，在赛事中为班级赢得荣誉的同学；"班级公仆"——热心公务，集体荣誉感强，以实际行动赢得大家认可的同学;"惜时标兵"——珍惜时间,特别是能有效、合理、高效地利用时间的同学;"守纪楷模"——遵守班规校纪,并敢于制止班级范围内的违纪行为的同学。

我们暂时评选这5类,大家如果有好的建议我们还可以补充。另外,全班同学同时享有选举权和被选举权,没有人员限制,有多少评多少。只要你表现出色,相信群众的眼睛是雪亮的。无记名投票的结果,一统计出来,惊喜就可能属于你。

宣讲完毕,我让学生们进行自由讨论,相互交流。教室里立即像开了锅,热闹非凡。最后的结果是学生们普遍比较接受这种评优方式。与以前宣布评优争先活动时情况不同的是,更多的同学眼里闪烁着自信,放射着希望之光。上次期末考试最后一名的何亮(化名),在周记中这样写道:

学习成绩有显著进步也可以成为"希望之星",我要争取在第一学月考试时上升10位,既是为了荣誉,更是为了自己的进步和发展,我要甩掉"倒数第一"这顶帽子。另外,我喜欢手工制作,我希望这学期学校能再举行一次"小发明"比赛,我一定能拿奖。

后来,这位同学上升了8位,虽然总分仍不高,但同学们还是认为他有重大进步,授予他"突出进步奖"。如今的他,在一所汽车修配厂找到了人生的舞台。一次师生邂逅时谈起往事,他感慨地说:"我本来认为我已是不可救药的了,将一直保持最后一名直到初中毕业。那次'突出进步奖'的获得改变了我的一些想法,我发现,我是可以进步的,关键是自己要下决心。我刚来修配厂时,什么都不懂。几年中,我不懂就问,又买了一些汽修方面的书来看,现在我都已经带出十来个徒弟了。"

看到当年自暴自弃的他此刻自信而眉飞色舞地介绍几年来的工作经历,我很欣慰。在分享快乐的同时,我又反思着教育、反思着我们对学生的评价方式。美国人本主义心理学家马斯洛在《调动人们的积极性的理论》中提出了"需要层次理论",其中第三层是归宿感和爱的需要,它是指人类在社会交往中形成的一些欲望,比如渴望友爱,感觉被信任、被尊重、被关注等。这类需求不同于浅层次的自然需求,是精神上的、内心深处的需求,在"需要层次理论"中居于最高地位。作为班主任,在评优争先中要真正做到"以人为本",就应当关注学生的心理需要。

在评优中,应关注全体学生的成长,从"精英教育"走向"全民教育"。"一枝独秀不为贵,万紫千红春满园。"一马当先不如万马奔腾,当全体学生都呈现出茁壮成长的态势时,教育才真正发挥了教化功能。天生其人有其才,天生其才必有用。只要班主任拥有一双善于发现的眼睛,是可以在每一位同学身上都找到闪光点的。无论是艺术作品还是科学成就,都来源于个性(爱因斯坦语),独特的个性品质若能得到正确引导就可以磨炼出学生的个人专长。

在评优中,过多的物质奖励不利于学生形成正确的价值观,会导致心理天平失衡;而单纯的精神奖励又让学生觉得子虚乌有,令激励作用"打折"。因此,班级评优还应该考虑到奖励方式的多元化。根据笔者的亲身体验,这些"奖品"是深受大多数学生喜爱的:到学校图书馆(班主任的书房也可)去自由阅读、写着恩师寄语的一个小笔记本、一小瓶牛奶(寓意为一瓶牛奶可以强壮一个班级、一个人)、在班级范围内发表一次获奖感言、将获奖者的一张英姿飒爽的生活照张贴于教室或校内宣传橱窗……

在评优中,若能适宜地邀请家长、学校领导、科任教师参加,将会获得更大的功效。比如,在召开家长会时,可从不同的角度对学生的进步和变化予以表彰,尽量照顾到更多的学生,营造出人人成才的氛围。在进行半期总结表彰时,可以叫上全体任课教师,在学生领奖结束后再来一番"恩师祝福",既活跃气氛,又融洽师生关系。在开学之初,又可邀请学校领导出席"扶尖培优"座谈会并发表讲话,使优秀学生体会到来自学校的关怀而深受鼓舞。

在评优后，还应特别做好"善后"工作。蝉联几次"优秀"，自尊心极强的同学名落孙山后该怎样疏导？一直勤勤恳恳、从不懈怠的一位同学在投票时却无人问津又怎样安慰？个别幸运"出线"的同学沾沾自喜、自鸣得意又如何劝诫……这些，都是班主任应该考虑到也必须解决的事情。有明察秋毫的眼光，有对学生的耐心、爱心和细心，评优和其他班级管理工作才会滴水成泉、尽善尽美。

有时"无声"胜"有声"

陈 胜

班级管理是一门艺术，对学生的思想教育蕴涵着无穷的智慧。在班级管理实践中，空洞、繁琐、乏味的说教往往于事无补，而凝聚真情、渗透关切、白纸黑字写就的文字有时却能春风化雨、发人深省，此之谓"无声"胜"有声"。具体而言，班主任致学生的一封信、一页短笺、作业本上的一段批语总能激发学生的斗志，令其信心倍增，让教育事半功倍。

在很多学校，学生都要写日记或周记，日记由学生自己保存，周记交老师检查。周记是一种类似于日记的短小文体，记录学生一周以来的学习和生活感受。在周记中，学生可以叙事、可以抒情、可以就某件事发表看法，也可以写下自己细腻而微妙的心路历程。因此，通过周记，班主任可以更全面而深刻地了解学生；通过周记，学生也多了一种走近班主任的方式。因此，称职的班主任总能有效地利用周记这一教育资源。

可现实情况是，很多班主任对周记的利用很敷衍，要么推给语文老师，认为这是锻炼写作能力的小作文；要么收起来数一下本数，草草打个日期，表示已经看过。这些做法根本无法充分发挥周记的育人功能，还会降低学生的写作热情。如果班主任在认真阅读学生的心灵回音后来一段妙批，效果就完全不一样了。

一次批改周记时，笔者看到了这样一段文字：

今天我哭了，念6年小学没有流过泪的我哭了。第一次离家这么远读书，第一次收到家人的来信。妈妈的字写得不好，还有错别字，可我觉得特别亲切。捧读着信，我热泪盈眶。爸、妈，为了我，你们太累了、太辛苦了！

字里行间流露出的是该学生对父母的感激与理解，我惊喜于小小年纪的他就如此懂事，便信笔在周记本上写下这样的话语：

理解父母是孝敬父母的前提，回报父母是孝敬父母的体现。你真是个懂事、孝顺的好孩子。你是你父母的希望，也必将是他们的骄傲，祝你能以优异的成绩回报伟大的亲情。

在不久后的"勤努力，报亲恩"主题班会上，该同学作了感人肺腑的发言，在发言中他引用了笔者上述评语中的一些观点，令许多同学都陷入了沉思。当然，这位品学兼优的同学也成了全年级学生学习的榜样。

"无声"教育还表现在对书信的利用上。书信是人们交流思想、传递信息的重要工具。在社交场合，一次恰当的书信交往，就是一次成功的应酬。好的书信，语言平实而情真意切，往往能够收到出人意料的效果。在班级管理中，书信的作用表现为：联络师生感情、化解宿怨、指导学生行为等。

曾经在《人民教育》上看过一篇感人至深的文章：一位小学班主任因参加国家级骨干教师培训而不得不和学生分别两个月时间，学生们舍不得她走，她答应学生每周至少给他们写一封信，后来的情况是：这位老师白天抓紧时间学习，晚上抽空给学生发电子邮件。在邮件正文中，她描述都市的繁华，激发学生对美好生活的向往；她阐述自己知识的局限，告诉学生学无止境……很多同学也通过书信、QQ、E-mail 等方式与这位班主任保持着密切联系，交流学习中的心得，诉说生活中的欢乐。"无声"的沟通融洽了师生关系，令教育美得透明，美得晶莹。

在现实生活中，班主任与学生间的"无声"交流不仅仅局限于周记批改和书信上。"事事留心皆学问，人情练达即文章。"只要你拥有一双善于发现的眼睛，有一双善于创造的双手，处处都蕴涵着教育的良机。当学生生病而你无法亲自去探望时，可否写一封简短的慰问信鼓励他坚强地战胜病魔？当学生迈过 18 岁的门槛，可否用激昂的文字点燃其青春的激情？当学生与异性同学交往过于亲密而你又不便当面"教训"时，可否用书信去唤醒迷途的笛音？……

班上一位同学在一次考试中失利，情绪低落，笔者当时又忙于作半期分析和总结，只挤出 3 分钟时间写一张卡片送给他：

　短短的人生
　会有长长的不如意
　与其久久地品味失落的哀愁
　不如重扬风帆与潇洒齐驱
　追寻另一次拥有

很快，这位同学重新树立起信心，投入到了新的学习中去。另一位同学名叫向雪梅（化名），在考试中获得很大进步，有些自鸣得意，我送一页诗笺规勉：

　梅须逊雪三分白
　雪却输梅一段香
　你的名字

蕴涵着谦逊

在追求智慧的旅程里

永远是山外有山

雪白，梅香

向着你的梦想

一如既往

响鼓不需重锤，这位同学立即领会到了诗句的含义，端正了心态。诗笺也被她夹在书页中，成为一枚小巧的书签。

武林中有语：无招胜有招。文学巨匠巴金老人也曾指出：艺术的最高境界是无技巧。班级管理中"无声"胜"有声"，与此两例应该有异曲同工之妙吧。相对于谈话教育，此类"无声"教育一般都形成了具体可感的文字材料，有利于保存，可以反复传递信息，具有多次强化的教育功能。学生几年的学习生活结束，手中都有一张张卡片、一封封书信、一段段字字珠玑的评语，这些至真至善至美的语言，不仅是中学生活的美好回忆，更是人生之路上不灭的明灯。

让学生认识爱是神圣而美好的情感

姚仁环

告诉我爱情生长在何方？还是在脑海，还是在心房？它怎样发生，它怎样成长？回答我，回答我。

莎士比亚在《威尼斯商人》中发出的感叹，跨越时空，仍然在我们的心底回响。爱情，一种神圣而美好的情感。然而，当"爱情"越来越凶猛地出现在中小学校园时，却不能不让各位教师尤其是班主任老师担心。

"班主任老师，或许你们太误会我了，我确实没有您想象的那么恶劣……"一位14岁的初二女生在一封遗书中写道。她因为性格开朗，和一位男同学关系较好，结果被老师和家长认定是早恋行为。于是，家长对她严加看管，班主任对她耐心劝导，班级同学也因此讥讽相加，这一切都让少女那敏感的心受到沉重的打击。在一个阳光明媚的早晨，她留下一份遗书后服毒自杀，一朵含苞欲放的花朵凋谢了，实在可怜、可惜、可悲。

但是，对中学生的情感困惑，成年人假如继续采取掩耳盗铃、漠然置之甚至蔑视和打压的态度，此举非但过时，简直就是既危险又无能！其结果必然加剧青少年性格中本已日趋激烈的叛逆倾向，促使他们以蔑视的态度对待来自成年人世界的任何情感影响与交流。

我认为该对中学生进行有关爱情的"启蒙"教育。教师不引导学生"明里探究"，学生自然也要"暗中摸索"；学校不履行"启蒙"的职责，学生很可能就会"自我启蒙"。从"无厘头"风格的"大话"文本里边，从影像快餐的"速配"表演当中，从古装"格格"们疯疯傻傻、假痴不呆的嬉戏之间，这种"自我启蒙"会导致怎样的后果呢？现在，连几岁的小孩都会跟着电视学舌："如果你是方便面，我就是一壶滚烫的开水——我要'泡你'！"在这种将优雅当肉麻、把肉麻当刺激的现代背景下，借助爱情"启蒙"，用高尚的情感教育，从庸俗文化手中拯救青少年，学校教育责无旁贷，而且刻不容缓。正如马卡连柯所言："要让儿童把爱情看作一种严肃的、深刻的情感，将来才能将自己的欢娱、自己的爱情和自己的幸福，真正在家庭中实现。"我们必须认识到，爱情教育远比性教育重要，道德教育的力量也远超过生物利己主义的约束力。当一个人仅仅因为怕得艾滋病而不敢偷吃禁果时，他可能还会因存侥幸心理而放纵自己的欲望；但当一个人意识到爱情的神圣和责任时，他就会以审慎的态度去对待自己的欲望，用理性去护卫心中的那份美好。

爱情需要教育，各位班主任与其在那里整天提防着谁在早恋，不如想想该用什么方式对学生进行哪些方面的爱情教育。

爱情教育要在审美中进行。如果人们从来不曾为高尚的爱情所感动，就没有人会认为爱情是神圣而美好的。中学阶段的爱情教育，主要是一种以青春、生命、情感为主题的审美教育。它并不是某种应急式指导，而是针对人生"幸福元素"的展望、引导和规划。在爱情教育里，应该拒绝冷冰冰的知识教条、机械可笑的"操作规程"、刻板僵硬的道德面孔，应该努力融合文学、艺术、历史、哲学、心理、社会的多元视角于一体，通过体认、品鉴令人激动和振奋的高尚爱情，引发学生对"爱"的美好体验和认真反思，使之日趋情感优美、身心健康、品位高尚的人格境界。

爱情教育需要激发学生心中的理性。苏霍姆林斯基说："凡是善于聪明地、富有自尊去爱的人，才会有真正的美，真正的自由。"不能将爱情教育庸俗化，爱情教育不是性教育，更不是"婚恋指南"，它要引导学生从人类理性的高度，让学生主动领会"聪明、美好、富有自尊的爱"。但这并不意味着我们可以随意贬低孩子朦胧的情愫。对十三四岁的孩子来说，爱情往往不只是简单的、生理意义上的情窦初开，更是对自我价值和存在意义的探究。它体现着自我实现的强烈诉求，是一种以非理性的方式呈现出来的理性需要，属高级的情感心理活动。教师首先要真诚地参与孩子的生活，平等介入学生情感世界，细心观察，耐心倾听，有效沟通；同时，要整合多方资源，尝试多种策略，提供给学生适合其个性特点的个别化的情感教育。总之，我们要让学生知道，我们是值得信赖的听众，是真心的分享者，是睿智而充满善意的长者和朋友。

以要求换请求，设置"成长障碍"

徐慧林　严国仙

星是个充满灵性的男孩，但是他有个最大的缺点——不爱干净，不讲整洁。他的手总是黑糊糊的，连带课本、作业本也脏兮兮的，而且两角翻卷、"体"无完"肤"；字迹潦草得要命。无数次责备和提醒，总是在经过短暂的转变之后又一切照旧。有什么办法"对付"他呢？

一个偶然的机会，与星同桌的学习委员请病假，我随口叫星放学后把作业本交到办公室。

星交了作业本后在我办公桌前迟迟不走，眼睛一直盯着我书桌上的书架。"你看什么呢？"我问。"老师，能借书给我看吗？"我这才恍然大悟，星是班上最喜欢看书的同学之一，尤其喜欢童话、科幻之类的。

"什么书？你要就拿吧。"我不假思索。

"《科幻世界》。"他边抽出书，边说"谢谢老师"，然后一脸兴奋激动地飞奔出去。我脑海突然灵光一闪：不能这样"便宜"了这小子。立即喊了声："回来！""星啊，这本书还不能拿走，你把我的书弄脏撕破了怎么办？"

"赔！"

"赔是应该的。但几块钱我不要你赔，我要的是杂志的整洁。这个要求不算高吧。"

"我保证不把这本弄脏！"他信誓旦旦。

"你平时连自己的书本都不爱惜，还懂得爱惜别人的东西？我相信你，书一定借给你，但是你要把自己的课本整理好，角上翻卷的一张张拉直，散架的本子装订齐整，而且保持三天。三天后我来查看核实，然后借杂志给你。"三天后，他果然按照我的要求搞妥帖。我也兑现了诺言。

几天后，他还书时说："老师，还有下一期吗？那个连载故事太惊险了。"呵呵，有戏。这本杂志我这里只有一期，但我不能说破。

我一看杂志，说："书好齐整，有进步。"继而皱眉："书页上这一块那一块的黑斑，这大概是你下的'黑手'吧。"

他不好意思地笑了，"嘿嘿，我下次洗干净手再看书。"

"这就对了。不光看我的书要这样，平时也要注意讲究卫生。我会不定期地提醒和检查你。下一期杂志过几天来拿。"我抽空去邮政局补订了这本杂志。

当星第二次、第三次还书的时候，书齐整了，也不见污痕了。我说："如果你还想看更惊险的书，那就从现在开始，把字写端正！"

为防止他坏习惯卷土重来，我经常明察暗访。偶尔发现一两次课本又翻角的情况，我便告诉他尝试晚上把课本压在枕头底下等办法，他都及时整理好了。作业本上的字也能一笔一画写端正。

正当我暗自得意的时候，教数学的张老师的一句话给我泼了凉水："他呀，还不是字写得像鸡爪抓过一样。"我再问教英语的吴老师，得到的回答也是一样的。这怎么行呢？

第二天上课时，我特意推介了一本被称为"中国的《哈利·波特》"的科幻小说——《时光魔琴》，我极力渲染它的惊险与离奇，并告诉他们作者是个才 10 岁的读六年级的孩子阳阳。

下课了，我前脚才出门，他后脚就跟上来。我满口答应第一个借给他，但后来却先借给了与他同桌的学习委员。他问："是我先说的，怎么第一个借给她？"

我说："她语、数、英的作业都写得一样工整，而你只是语文作业写得工整。这怪不得我。"说话时，我拿起他的数学作业本，说："你看，你看。"顿了顿，我说，"不过机会还是有，耐心等待半个月。如果你把其他作业也写工整了，第二个看的人就是你，否则又可能是别人了。"

星撇撇嘴："要看您的书就这么难。"

"对了，你看了这么多神话故事，哪个成功的人不是历尽艰辛啊？唐僧师徒到西天取经不也经历了九九八十一难？这点要求算什么？而且你现在讲卫生了，字开始写端正了，已经走完九十九步了，索性把剩下的一步路走完啊。否则前功尽弃。"

星在等待每期的《科幻世界》，更渴望读到《时光魔琴》。为此他小心而耐心地保持着课本的整洁、两手的卫生、字体的端正。

第二个学期过去好久了，我发现星的课本、作业本始终干干净净，各科作业的字始终端端正正。

中央电视台的一个节目，有这样一个情节：圈养黑熊的饲养员不是把食物投到它们的"住处"，让它们坐享其成，优哉游哉，而是把食物或挂到树上，或藏在"洞"中。黑熊要想得到食物，必须寻找，看到了，必须花一番心思才能拿到，才能吃到。有段画外音，意思说：这样故意设置障碍让黑熊觅食，就是要让它们多动脑筋，多运动，体验觅食之不易、生存之艰辛，以保持它们的生存能力。这样的道理完全可以应用到教育上。班主任会经常遇到学生提出请求的事。比如请求调换位置，借阅图书或资料，保守一个小秘密，等等。只要是合情合理，条件允许，不违反学校纪律、班规，我们就应该满足他们的要求。但如何在满足学生要求的过程中巧妙地施加教育影响，引领学生成长呢？应该说，以要求换请求，设置"成长障碍"，是屡试不爽的法宝。

有些班主任对学生提出的要求，不假思索，一下子就答应和满足了学生。这样做的结果往往导致班主任失去应有的向心力和调控力。

老师提出的要求、设置的"成长障碍"不是恶意的刻薄，而是善意的"刁难"和"苛刻"。"刁难"与"苛刻"的背后是爱，是责任。这样做的老师深知"来之不易，弥足珍贵"、"越容易得到的越不懂得珍惜"的生活哲理。这样做的老师只是将正确的、善意的教育内容，通过这样巧妙的方式转化成学生自己的内心需求，激发其潜能，激励其意志，使其经风雨见彩虹，蚌砺沙子成珍珠。

老师提出的要求、设置的"成长障碍"，不是高不可攀、望尘莫及的，而是只要经历一番奋力攀登就能登上的小山，是只要经过奋力一跳就能摘到的桃子。这个"小山"应该做成适合他们身心特点的坡度和高度，这个"桃子"应该放在每个人的最近发展区里。

班主任设置的"成长障碍"，一般不做变动，说一不二。并且要及时跟踪，不时提醒，始终关注，给予评价总结。在学生跨越障碍后，建议班主任在适当的时机一语道破天机，说出设难关、提要求的原委，让他们惊诧——原来班主任这样艺术地爱着我，这样智慧地教育我！

一把钥匙开一把锁

于建宏

参加工作时间不长，我接手了五年级的一个班。按照惯例，开学初，我向原来的班主任打听班级学生状况。班主任老师告诉我一个秘密，班里有一名叫春的"双差"学生，对他的教育不必太认真，否则只能是自寻烦恼。后来我才知道，这是每一任班主任都交代的秘密，春从不学习，考试一直是挂红灯，从一年级一直挂到五年级，早已经被贴上了标签。

接触了一个多月，我才真正理解好心的班主任对我的善意的劝告。对春，我哄过，劝说过，表扬过，甚至动手打过，期望能创造奇迹。他在我面前哭过，保证过，偶尔也笑过，但说不清是什么原因，一切手段对他都起色不大。

早读课上，他和旺发生了矛盾，竟然用食指刮破了旺的鼻子。中午放学时，我得知此事，心中的火腾地上来了。我决定到他家里告上一状。

顾不上吃饭，我和春首先来到了旺的家。旺的奶奶听说孙子和春发生了矛盾，不停地责备旺，什么人不能玩，一定要和春混在一起。从旺的奶奶的嘴里，我了解到了春的家庭境况：三间低矮的草屋，屋里几乎没有任何家具。妈妈是一个老实无用的农村妇女，爸爸常年在外做苦力，全家人都在二叔家生活，而二婶，几年前就已经与人私奔！

我一下子明白了春成为"双差"学生的原因，但我心底仍存一线希望。我对春说，我不想去你家了，希望你能认识到自己的错误。

这么多年，他不知道被老师告过多少状，可今天，犯了这么大错误，老师竟然说不上门告状了。春的眼里似乎含着感激，连连点头："老师，你是第一个不告我状的班主任，我听你的。"

这以后，春稍有收敛，平常打架少了，但小矛盾依然不断，成绩也还是红灯高挂。

进入期末复习，为调动同学们的积极性，我在班级开展夺星比赛，并承诺对优秀者和进步显著者予以奖励。第一次检测，春就考了85分。显然，这成绩大有水分，是否奖励成了焦点，索性交给大家讨论。

"同意给予春奖励的请举手。"我估计不会有多少人同意给这个"问题满身"、成天被同学们作为报告对象的春哪怕是一张白纸的奖品。

结果大出所料，全班竟然有95%的同学举起了手。我大感不解，问原因，答案很令我感动：

"这样可以维护他的自尊心！"

"给他一个努力的机会，让他下次争取考好！"

"让春感受到集体的温暖！"

……

不知道春的心里是否受到震撼，但他的眼中分明充满了泪水。

在大家催促的掌声中，春不好意思地领走了奖品——一本练习簿。

从此，春竟然发生了脱胎换骨式的变化，虽然成绩依旧没有根本改变，但很少和同学发生矛盾。

六年级，我依旧做春的班主任，教他语文，一有时间，我就尽量给他开小灶。毕业考试，他两门学科都考了60多分，顺利地升入初中。

写下这些，我不是说春被我成功转化了，只是想告诉班主任，对于任何一个学生，我们都不能轻易放弃。对于他们，只能一把钥匙开一把锁，通过爱心建立起对他们的信任，唤起他们的自尊自信，逐步帮助他们走向"自我管理"和"自我改造"。

走近"混混生"

郭力众

在平时的班级管理中，最让人劳心费神的往往是那些学习成绩差、思想意识差、没有明确的学习生活目标、不思进取混天度日而又屡教不改的"混混生"，但是，如果做不好这些学生的工作，又往往会给班级管理留下很多隐患。所以，如何走近"混混生"，如何帮助这些学生走出"混"的泥淖，的确是班级管理中一件很棘手的事情。

一、准确的归因

准确的归因是解决问题的关键。"混混生"之所以成为"混混",其原因往往是多方面的。有的是由于家庭不和带来了负面影响,有的是交友不慎而"近墨者黑",还有的是家长溺爱导致恶果,如此等等,不一而足。所以,针对这些"混"的不同类型,只有首先弄清楚了真正原因,才能够有针对性地开展工作,才能够切实有效地解决问题。否则,我们的教育就是盲目的、泛化的、抽象的,就很难落实到学生的心里,很难从根本上解决问题。以前我班上有一个学生,父亲长年在外,脾气急躁的母亲一人在家,不会教育孩子,只看重学生的考试分数,只要看到孩子的成绩不好,就是一顿打骂。甚至在他 7 岁生日的那天,他的母亲还为一件小事把他拖出学校痛打一顿,让他一直记恨在心。在家里他感觉不到温暖,感觉不到亲情。后来就和社会上的几个小痞子玩在了一起,抽烟、喝酒、打架、谈恋爱,样样都做,学习却是一塌糊涂,让人很头痛。了解情况后,我就首先和家长讲述教育孩子的问题:多关心孩子,要让孩子体会到家庭的关爱;打骂教育不了孩子,要多讲道理。同时,和家长配合,切断他和原来那些"兄弟"的联系。后来,家长改变了教育的方法,又做了大量细致的工作,这个学生才慢慢地有了好转。

二、真心的交流

精诚所至,金石为开。相对一般的学生而言,"混混生"更具有"抗教育力":一般的说教,对于他们很难起到作用。所以,在做这些学生的工作时一定要有诚心,要本着真心帮助学生的目的。只有这样,才有可能走近学生,才有可能打开学生的心扉。同时,就学生而言,只有感到老师对自己的关心和爱护,感受到老师的真诚,才可能从心里接纳老师,师生之间才可能产生沟通和碰撞,才可能形成共鸣。像上面的那个学生,为了做通他的工作,我花了一年多的时间坚持家访。他的母亲就说："自从这孩子上学以来，从没有老师来过家里，从没有人说他有什么优点。开家长会也总是挨批。"同时，我发现这个学生比较讲义气，就主动和他交朋友。我又给他买了一个笔记本、一本影集（我看到他房间里有一些散落的照片），在送给他这些东西的时候，我说："我是你的老师，也是你的朋友，希望我们之间能够以诚相待，希望你能够努力向上。"后来，他主动给我讲他个人的很多感受和想法，还把"女朋友"的照片拿给我看，我们之间的心距缩短了，教育效果也好多了。

三、妥当的方法

在和学生的交流中，要有方法，要讲究策略。一般而言，"混混生"往往都把自己封闭得很严，对老师、家长有戒心，甚至有逆反心理。如果工作中没有一定的方法，不讲究一下策略，也很难达到教育的效果。有时候，我们可以从长辈或是朋友的角度和学生交流，这样有利于克服师生之间的心理距离，容易接近学生；谈话时间，可以安排在晚上八九点钟，从心理上讲，这个时间段的人比较容易接近，比较容易接受别人的劝告；在和学生谈话交流中，不要伤及学生的自尊和人格；涉及学生个人情感或隐私的问题，要注意为学生保密等。我和这个学生相处过程中，多采取鼓励的方法。因为他学习基础太差，我就给他开了"小灶"，培养他的学习兴趣；对于他谈"女朋友"的事，答应为他保密，绝不对外声张；而家访的时间，我大都安排在晚上。对于他的一些问题，一般采取个别谈话的方式。他觉得自尊心得到了尊重，也就很乐意听我的话。

四、足够的耐心

"混混生"不是一朝一夕形成的，不良的行为习惯在他们身上往往是根深蒂固的，所以对于"混混生"的教育，我们不能寄希望于一两次的工作就能从根本上解决问题，要有"反复抓"、"抓反复"的思想准备，要有足够的耐心。我对这个学生的关注长达两年之久，因为有了"反复抓"的思想准备，所以对于他的反复，我基本上能够及时指出，细心引导，不急躁。有一次，他甚至对我说"老师，你总是这么有耐心，在你面前我都不好意思再不听话了。"

"就教育的工作效果来说，很重要的一点就是要看教师与学生之间的关系如何"（赞可夫），如果通过我们扎实有效的努力，师生之间形成了一股有效的"教育合力"，岂不正是我们所希望的吗？

千万别忽略对好孩子的教育

魏智渊

几乎所有的教师都喜欢好孩子，而我们眼中的好孩子往往以听话为最大特征，在许多教师眼里，教育就是培养听话的孩子，其实这是一种很可怕的心理。

我的班上也有类似的孩子，比如王曦（化名），非常地尊敬老师，作业一丝不苟，成绩优异。在家里也是非常听话的孩子，家长说学琴就学琴，说补课就补课，说学外语就学外语。但是从一开始，我对这样的孩子就有一种异样的担心。

不久，我看到了另一个孩子小玉的随笔：

魏老师一定想不出一年前的我是什么样吧，如上次主持节目一般的淑女。真的喔，不怕你笑啦，我以前可能比 CC 还 CC（王曦），我会一天不说话，面无表情，没什么朋友，倩仔那混账是我惟一可以谈心的朋友，但她却天天东跑西跑，害我经常一个人吃泡面度日。而且当时的女生对着我说好话，背地里说我坏话，我吃饭时会坐我对面盯着我吃，怪没胃口的。会乱拿我的零食、牛奶，用我的东西不还……那时我居然什么都忍了耶?!我仍对她们好,因为我身体一向不太好,所以我有一抽屉的药随时开放,但她们有一次甚至把我气得要到医院去抢救,还住进了重症监护室,那阵子真的要死了,妈妈还请了心理医生……不堪回首。

所以我讨厌以前的同学,但老师和阿姨一直对我挺好的,我身体也没大碍,只是天凉了会犯气管炎、关节炎,也会不停地因感冒进医院。我现在挺好的,觉得人真是欺软怕硬的东西,以前你温柔就把你当病猫,现在刁钻、蛮横、懂得保护自己,大家对你都挺好了。现在,以前的同学又都觉得我人不错,经常打电话、写信给我,我有一种洗清冤屈的感觉,同时又觉得人都好虚伪,失去了以后才记得一个人好,我从心底瞧不起这种友情。

妈妈曾对我说:"你一生能拥有一两个朋友就算幸福了。"以前不能理解,现在算体会到了,年龄越大,真心朋友越来越少,中间充满了你欺我诈、利用、做作,这些玷污了我的生活。

看到了小玉的随笔,很有感触。从王曦到小玉,我们可以看到一个好女孩是怎样一步步地变"坏"的。这个变"坏"的原因可能有多种。首先是外界环境,包括社会环境和校园环境对她的影响,老师眼中的乖乖女往往在同学中吃不开,结果她不得不顺应环境去适应优胜劣汰的潜规则。她变横了,同学反倒对她好了,敬畏她了,久而久之,她的人生观可能就会发生某种转变。

但是,即使我们给她们创造一个良好的班级环境,又如何?比如在这个班级里,大家都尊敬品德高尚的同学,都以助人为乐为自豪,那当然是好的,但会不会又等于是创造了一个童话王国?

所以我想,我们必须重新审视道德教育。过于理想化的道德教育对学生是一种伤害,一味灌输的道德教育对学生也是一种伤害,当他离开了这种灌输环境,很可能会由相信一切走向怀疑一切,在学校里十几年辛辛苦苦建立起来的一切可能会在残酷的现实面前迅速崩溃。我在考虑几个问题:第一,我们在进行这类道德教育的时候，方式是否道德？第二，许多老师通过一些情感的方式来感染学生，这种方式未尝不可（甚至是必须的），但是否存在一些缺陷？学生一旦形成了情境依赖，离开了这个情境，一切便不复存在。比如学生在家里与在外面表现不一样，在班上与在班外表现不一样。

我们解决道德问题的思路通常是走情感路线，而不是促进学生对道德的认知水平的提高，所以一个老师，在面对这些孩子的时候，是不是可以经常创设一些道德两难的情境，设置道德冲突，激发道德思考，谨防道德提纯，形成道德能力？

有过这些考虑以后，我便经常找王曦讨论一些包含道德两难的问题，引导她辩证地看待社会现象以及人性弱点。渐渐地，她开始困惑了，但也因此思考了许多问题。终于有一天，我读到她这样的随笔：

……常常听见同学抱怨自己很不自由。我总是感到奇怪，他们要那么多自由干吗？相比之下，我的自由更是少得可怜，可我并没感觉到自己不自由。

可现在，我突然感到自己不太自由，处处都受到了控制。其实，我一直都是只笼中的小鸟，只是那天才碰到了笼子的壁。读书是很自然的事，暑假读书是件好事，暑假读名著是家长都支持的事。可爷爷却不，爷爷不允许我在作业没完成的情况下看课外书，哪怕是名著也不行。可那才刚放假没几天，怎么可能把作业全部做完呢？况且我正处在需要大量阅读书籍的年龄。那次我没有听爷爷的话，仍旧我行我素地看着《嘉莉妹妹》。谁知第二天，爷爷便把我的那本书藏了起来。当时我特别不能理解爷爷的这种做法，但并没有同爷爷大吵大闹，只是突然发现我缺少自由，连读书的自由也没有，有时就像大人手里操纵的木偶娃娃。心里难过了许久。

今天，这种事情再一次地发生了。听魏老师说也许会在高二开金庸小说讲座，这样一来，光看过电视剧是不行的。我想在高二之前看两三部金庸的小说，这段时间便先看上了《天龙八部》。我自认为还是控制得很好的，即使里面的情节再吸引人，我都从未在不该看的时候把这书拿出来。每周只有星期三的阅读课，星期五的游泳课和星期六晚上下课回家后看一会儿，我并没有因此而耽误学习。而且我看的时候，会从中学习一些写作手法，对人物进行简单分析，并不单单是为了看情节而读书的。而且每周保持一定的阅读量是很重要的。

这周六，晚上下课回家，做了一会儿作业便觉得疲倦不堪，但又不太想睡觉，便随手拿起了《天龙八部》，大概看了半个小时吧，奶奶睡眼朦胧地打开了书房门，生气地说了我一番，并把我打发去睡觉了。星期天早晨，我朦朦胧胧地听见了大人的谈话，听着听着便清醒了。奶奶说我昨晚看小说看到 12 点钟，又伤身体，又影响学习，大概学习退步也就是这个原因。爷爷立即说要把《天龙八部》撕了。我听后很难过，再一次意识到我是一个没有自由的人，想着想着，泪水不经意间便滑过我的脸颊。一气之下，跳下床就和爷爷嚷了。爷爷眉目间分明透着怒气说道："一天到晚就看些神神鬼鬼、打打杀杀的东西，还有什么小龙女！"我一听更气了，说："爷爷，麻烦您在没看之前别乱下结论，小龙女是《神雕侠侣》里面的人物。"几句话后，我无奈地说道："您能听听我的解释吗？"出乎意料的是，爷爷竟平静下来，心平气和地说："我听着，你说吧。"来不及反应，我便一股脑儿地将所有的理由都说了出来。爷爷停了一下说："既然这样，在不影响学习的情况下，偶尔看一下也行。"我知道这是爷爷作出的最大让步了，赶紧点了点头。虽然仍旧觉得自己的自由是掌握在别人手里的，但比以前似乎要多些了。大人的思想总是固执的，但是有时也能去争取。

可不知怎的，心里总像是蒙上了一层阴影，无论怎样，都散不开。

看了这篇随笔，我反倒很开心。教育不是培养听话的孩子，而是培养有独立人格、自由精神的公民！

巧妙引领校园时尚

赖联群

时尚，我们不妨把它理解为流行与时髦。校园时尚，自然就是指风行于学生群体的一种情趣追求。从《三重门》、《哈利·波特》到大头贴挂满书包，从蔡依林、周杰伦、S·H·E到"天才是天生的蠢才"之类的校园缩写风，从手机、小灵通进校园到哈韩哈日一族的异军突起，可以这么说，生活在变，校园时尚也跟着在变……

现代中学生思维活跃、好奇心强，他们早已走出了父辈的"两耳不闻窗外事，一心只读圣贤书"的单纯，而是走向丰富，走向多元：他们在聆听窗外声音，他们在捕捉流行元素，他们在用少年的天真与激情编织着一个个成长的梦想，并把它演绎得如火如荼……

校园时尚象征着学生介入社会，映照着他们对生活的热爱与思考，对未来的憧憬与追求。作为班主任，应该努力使自己成为"超级教师"，和学生一起时尚，和学生共同成长，快乐地见证并推动学生逐步走向成熟。但我们又应该看到，流行的并不都是高尚的，有时感冒也会很快地流行起来。你若不信，请看下面两组校园时尚小镜头。

时尚一：外号热

"妖狐，早啊！"初次听别人叫我"妖狐"时，心中很不舒服，但后来叫的人多了也就不以为然了。听同学们说"妖狐"是一本叫作《未完之月》漫画书中的人物，说长得很像我，于是大家便给了我这个绰号。

149

其实班里有外号的人不止我一个，还有"海蛰"、"大阪"、"猫妖"、"大头车"、"螃蟹"等，有的是根据长相起的，有的是从名字中提取的，有的是根据其特殊的经历起的。有外号后，大家的日常招呼与问候都不叫名字了，一出口就是绰号，搞得班级像动物园似的。班里有个同学长得黑，大家就给他取外号叫"黑奴"，他本来就不自信，这个外号让他更少说话了，与他同学3年，我从来没见他笑过。"黑奴"让他失去了自尊，我怀疑他得了抑郁症……

时尚二：缩写风

某日，一学生笑着对我说："可爱的妖狐，你真是越来越善良，越来越贤惠，如同天使一样讨人喜欢，让人百看不厌啊。"我暗自高兴，正想说"Thank you"，她却早已笑弯了腰。

我问其故，她笑曰："我的意思是'可怜没人爱的妖狐，你真是越来越善变而没有天良，越来越闲着没事，什么也不会，如同天上掉下来的一堆屎，让人看一遍吐一百遍，没有人不讨厌你啊'！"她还加了几声嘲笑的哈哈！我心一震，这些我本以为美好的词语，怎么一下子被解释成这样了？

这两种现象，在学生生活中屡见不鲜。优雅的绰号，在拉近同学心理距离上可能有一定的积极作用，但我们应该看到，绝大多数的绰号是别人强加且带有侮辱性的，这些绰号会毁了同学之间的友谊，甚至会毁了某些人一辈子。"缩写风"在校园盛行，骂人连脏字都不带，让人防不胜防。古人留给我们如此美好的词汇，是让我们这么糟蹋的吗？如此时尚，万万要不得！

由此可见，对于流行在校园里的各种时尚，班主任应该因势利导，提倡真时尚，使学生享受美好生活；摒弃伪时尚，使学生避免流于恶俗。

对策如下：

1. 面对阅读时尚

当郭敬明、黄思路、郁秀、韩寒等青春派校园小说潮水般扑面而来时，班主任要率先阅读，然后引导鼓励学生抽点边角时间选择阅读，最后师生交流，"择其善者而从之，其不善者而改之"，此乃引领阅读时尚之潮流也。

2. 面对追星时尚

学生开始追星时，班主任要同步关注各种"星星"资讯，至少得知道周杰伦的弱点、S·H·E的名字、赵薇的军旗装事件、罗纳尔多的国籍及所效力的俱乐部……然后，在聊天中转移话题，努力向他们介绍你的"星"——杨利伟、袁隆平、任长霞、焦裕禄、比尔·盖茨……

3. 面对网络时尚

你得会唱《老鼠爱大米》、《两只蝴蝶》，你得会建立 QQ 群和学生聊天，你得会使用各种表情图案表达你的喜怒哀乐，你得会用"晕"、"886"等网络语言与学生交流，然后引导学生唱你所喜欢的《童年》《泉水叮咚》《十送红军》，引导学生使用规范语进行网络交流。

4. 面对服饰时尚

班主任的着装只以端庄大方为标准，不必跟流行风。同时对学生的着装时尚不可管得太多，要尊重他们的个性与独特选择，但有两个原则必须把握，一是不和《中学生日常行为规范》以及校纪校规相抵触，二要引导学生根据自身的经济条件定夺，不可盲目赶时髦。

5. 面对恶俗时尚

对于"起绰号"、"缩写风"、"纹身图"、"怪发型"等不良的校园风尚，班主任思想上要重视，利害要陈明，措施要得力，行动要果断，可以用"大讨论"、征文或者体验情境等方式进行教育，目的是使学生明辨是非，树立真善美意识，抛弃不良的情趣追求，最终促进他们的健康成长。

赏识教育也要因材施教

赖联群

"赏识是雨露，能催生出最艳丽的花"、"赏识具有伟大的力量，足以改变人的一生"、"赏识能最大限度地激发人的创造潜能"……在浩如烟海的现代教育卷帙中，我们只要一打开书，关于赏识教育的文章便会扑面而来，但在教育实践中，我们往往能感受到强烈的落差——事实并不尽然。

我班学生小 A，行为习惯很差，上课总爱做小动作，放学后喜欢和一群"痞子"学生混在一起，常常不能按时回家。在学校骗老师说家长带他到哪里哪里做客所以作业不能完成；在家里骗父母说老师没有布置作业，结果成绩红灯高挂。抱着"没有孩子是差生"的理念，我对他开始了赏识教育。上课时，总是让他回答最浅显的问题来激发他的自信心，下课时总是单独跟他谈心，指出他尊敬师长、为人仗义的优点，我努力寻找他的闪光点并当众给予放大。甚至在上课不守纪、作业不能完成等方面我都站在他的角度考虑，为他开脱。我的宽容刚开始时还能换来他一两天的认真，后来，只有一两节课，到最后，宽容和赏识完全失效，他依然天马行空，我行我素。

在这次赏识失败之后，我进行了系统的反思。

（1）他为什么不完成作业？通过家访，我了解到小 A 在小学时学习基础就很差，经常考不及格，作业也潦草应付，他甚至还没有养成认真做作业的习惯，每天晚上 8 点钟之前就睡觉。他回家也常常跟父母讲起老师如何如何表扬他，一脸的开心，但父母去检查他作业时却哭笑不得，他连最基本的题目都做错且思路不清，遇到难度大点的题目，他不是不想做，而是根本不会做，与其交白卷，不如两头骗。

（2）他的行为为什么不跟进？小A的行为习惯差，不是一两天内形成的，而是长期积淀的结果，可谓根深蒂固。一个十二三岁的孩子，处在一个自制力较弱的年龄段，没有一定的外在压力，要改变他沉积多年的不良习惯与思维方式，很难！

（3）他为什么不感动？鲁迅迟到一次印象深刻在课桌上刻下"早"字，从此不再迟到，陶行知的学生在"三颗糖"的作用下痛哭流涕从此痛改前非。在生活中，很多人因为某件事的触发，或刺激或宽容或赏识或共鸣而"从此以后不再……"，小A如此受老师赏识，怎么没有一点感觉？这和老师赏识的技巧有关，更与学生本人没找到"人生省悟点"有关，不是所有的学生在赏识之下都有一个好的结局，感情丰富、容易感动的学生可能会更早地迎来他的"人生省悟点"。

基于以上认识，我调整了自己的教育策略，不单把赏识落实到语言上，更注重深入孩子的心理，根据孩子的实际情况，把赏识落实到持续的行动中。

（1）帮他补课。作为语文老师，我经常在课后把小A叫到办公室，或辅导作业或检查背诵或复习课文或解答疑难，同时，要求其家长为小A请"综合型"的家教，从而解除了小A在学习上痛苦无助的现状。

（2）矫正行为。"沉疴用猛药"，对小A沉积已久的陋习，除了因势利导之外，我采用了严格管制与当头棒喝的策略，当其上课出现不良行为时，我采取课后半小时反思及诚信度减分的办法，且给予当众批评。如此强制定型，使小A收敛了上课无所忌惮的行为，从而提高了他的听课效率。

（3）培养情感。任何一种赏识行为，只有被孩子接受并转化成内趋力，才能真正起到引领作用。从这个意义上讲，被赏识对象有丰富的情感、较好的领悟力是赏识成功的关键。我经常推荐一些有关父爱、母爱、师爱类的文章给小 A 读，经常跟他讲述我自身成长经历中的几个关键点，经常向他介绍古今中外名人被赏识后奋发成才的例子。同时，我还坚持和他谈心，让他感受到老师对他的亲近与期待……

如此，通过三管齐下，到期末时，小 A 不管是品行还是学业都取得了较大进步，期末成绩除了英语依然不及格外，其他几门功课都达到 70 分以上，还被评为班级"行为规范生"呢。

由此案例可以看出，赏识学生的目的在于促进学生健康成长。班主任，当面对失败的赏识时，不能急躁，更不能放弃。首先要充分估计学生可能会遇到的困难，不单从语言上赏识，更要从行动上赏识，切实地帮助学生克服困难；其次，赏识不是无原则地表扬。恨铁不成钢时，偶尔用点猛药往往能收到意想不到的效果。有时，批评也是一种赏识；最后，也是最关键的一点，就是教师不但要从情感上亲近学生，更要培养学生丰富的情感，增强学生对人对物的领悟能力。这样，学生的"人生省悟点"才会提前来临，我们的赏识教育才能发挥应有的作用。

对家长，我们要真宽容

彭亚明

作为班主任有时我们苦恼、我们愤怒：你教育学生不随手乱扔，但你无法阻止成人从楼上抛撒垃圾；你教育学生尊老爱幼，但你无法惩罚虐待老人的不孝儿女；你教育学生分清是非，偏偏有家长是非混淆；你教育学生互相友爱，家长偏偏告诉孩子自己合适就行，这就是教育的社会环境。在教育过程中，你所面对的不仅仅是需要教育的学生，你要面对的还有形形色色的家长：他们有的望子成龙、望女成凤；有的教育孩子条条在理；有的家长不能客观地看待问题，一味地相信自己的孩子，看不到孩子身上的缺点；有的……你都要一一面对，这就是现实的教育环境。所以，你在教育的过程中什么样的家长都会遇到，什么样的事情都会遇到，什么样的苦恼都会随之而来。面对不同阶层的家长，面对不同知识水平的家长，面对不同教育观念的家长，我的建议是：我们要真诚地面对，要有海纳百川的胸襟和气魄。

有一段尘封的记忆我总是小心翼翼地回避着，像一块伤疤，打开它要经历揭痂之痛。

斌斌在我这个班里显得是那样的与众不同，不仅是因为他学习差，而且脸黑黑的，头发总是乱糟糟的，身上的衣服经常不合身，要不就是脏兮兮的。这在我们这个"择校班"或者说是"关系班"里显然是格外出众了。也怪呀，这个班的家长不是市政府的，就是某某研究院的，要不就是某某大学的，反正像斌斌父母这样只有微薄工资的"小人物"是仅此一家。也许因此，他自己气势上就觉得低人一等，矮人一截。也许因此同学都拿他不当回事儿，甚至发生了冲突，大事小事都怪在他身上，同学们都喊他叫"锅筚儿"。

我一接手这个班，就特别注意他。这几天我发现他总是愁容满面，一个人躲在角落里发呆。我利用让他替我抱作业的机会把他叫到办公室，"怎么啦？"我的话既柔和又具感染力，可是他却看着自己的脚尖不说话，我用手轻轻地抚抚他的头，一贯受到批评和指责的他这时大颗大颗的眼泪涌了出来，但还是不敢看我，不说话。心灵受到伤害也许会让一个人变得一时无法接受美好的事物。我立刻板起脸来严厉地说："连实情都不敢说出来，眼泪救得了你吗？今儿，不说实话别回去上课了。"我故意不理他，判起了作业。约5分钟左右，他见我没有让他去上课的意思，就紧张地看着我，这时我转过身来，温和地劝导他说出实情原委。一听他的诉说，我拍案而起，"四年级的孩子竟然这么干，这还了得！"我安慰了他几句，叫他回去上课了。而后立刻把当事人小钊叫到办公室，经过斗智斗勇和苦口婆心的教育，在几个证人面前，这个诡辩多精的小钊终于承认了逼迫斌斌从家里拿钱给他的事，并把今日刚得的"赃款"悉数上交。我感到了事态的严重，当即决定请小钊的父母到学校解决问题。

下班时，他的父母如约赶到了学校，经过一阵寒暄知道这两位家长都在师范大学上班，我心里暗喜：同行呀，解决起问题来容易得多了。我把事情和盘托出，家长"腾"地一下站了起来，我赶忙劝阻，害怕家长不冷静伤到孩子。可没想到他父亲竟然面露峥嵘，怒目相向："彭老师，您是新接班的吧，恐怕对很多问题了解不多，今天的事儿我们还要再问问小钊。"说完拉着孩子走了。我既尴尬又气愤地呆在那儿，心里说不清什么上不来下不去地堵着。"这不是明摆着不信我这个老师吗？祖护孩子也得分事儿啊。孩子不及时教育岂不毁掉了？"我真搞不懂，家长想的是什么。第二天一早，小钊的父母来了，事情也来了个180度的大翻个：小钊拒不承认自己曾经那样做过，家长还提供有力的理由——"我们平时不缺他的钱花，他有必要这样做吗？再说从小我就教育他不乱花钱，上次因为这个，您以前的班主任还表扬他了呢。"我想说："但你们忘了，他在成长，什么坏的影响都有可能发生……"我继续和他们谈论着，甚至是争论着，好让他们意识到自己孩子的问题是很严重的，也想让这对糊涂的家长擦亮他们看待自己孩子的眼睛。我摆出了物证、人证，他们终于哑口无言了。看到家长由刚才兴师问罪的态度到现在理屈词穷，我见好就收，谁知他的母亲拉着吊起的脸子说："彭老师，我们也是教育人的人，那几个孩子平时就和斌斌混在一起，现在的孩子可不比从前老老实实的……""说不定我儿子是被人合伙陷害的。"我想这肯定是她没有说出的后半句话。"嗨，他们怎么就是看不清问题的真相呢，父母是教师，孩子就不犯错误了？"我是急急不得，气气不得。我把班里的大部分学生找来，好让蒙在鼓里的两位家长了解孩子真实的现状。没想到对我的良苦用心，家长误会更深了，认为我有意针对他们孩子，大家不欢而散，事情也就此搁下，不了了之。

沉寂了一段时间后，一天我正在上课，校长突然"传唤"。我莫名其妙地走进办公室，校长铁青着脸：桌子上摆着一封信。我一下子明白了，有人告我的状了，不用问那准是小钊的父母。那段时间我的情绪很不好，总也搞不清楚自己究竟做错了什么，心里装满了疑问和伤感。一位老教师指点我说：很多家长对学校、教师处理问题时存有偏见，有的确实是我们有些教师怀有个人情绪处理问题不当，也有的是家长本身对教育心存偏激的观点。无论怎样，我们要学会容忍，学会宽容，学会与家长真诚地沟通交流，最关键的是让他自然地认同你的教育观点，这样教育的几方才能形成合力，共同完成教育任务。我不住地反思自己的教育行为，没错，家长不接受我的意见，那是因为没有表现出教育孩子的真诚，而仅仅像检察院公布"罪行"一样，通知家长他们的孩子所犯的错误。为了消除隔阂，于是我利用休息日，买了些水果准备到小钊家做一次家访。当家长打开门时，惊讶和尴尬之情在我真诚的问候和关切的微笑中很快过去了，我实事求是地向他们表扬了小钊的进步，又询问孩子学习上有什么需要帮助的地方。

家长没有想到我此行的目的在此，刚开始那紧绷着的怕我兴师问罪的弦彻底放松了，又是斟茶又是拿水果，小钊的妈妈拉着我的手想说什么，又难以启齿的样子，我赶忙接过话来发自内心地说："子不教，父之过，教不严，师之惰。看来教育孩子是我们共同的责任，孩子犯了错误，我这个当老师的也脱不了干系呀！"我们都笑了。那天，我们就孩子的教育问题聊了很长时间……

在后来的教育经历中，我努力地实践着面对家长要真诚、宽容的准则，结果是工作中无论遇到多么棘手的问题，无论遇到多大的困难，和家长携起手来总能找到顺利解决的办法。

换一种方式开家长会

万 玮

早晨，王校长刚上班，就发现校长室门口等着好几个家长。王校长心里"咯噔"一下，"坏了，大概又是来告状的。"果然，家长只是简单讲了几句，王校长就明白是怎么回事了。

原来这些家长都来自初二（1）班，班主任秦老师昨晚刚刚给他们开了一个家长会，总结期中考试的情况。初二（1）班是年级里的一个好班，学生成绩比较好，家长期望值自然也比较高。秦老师大学毕业刚两年，教学水平还是不错的，就是脾气太急。这次期中考试，（1）班的成绩比上学期有所下滑，从年级第一跌到年级第三。家长听到这个情况，心里已经有了想法，没想到家长会上，秦老师先下手为强，把家长们狠狠批评了一通，还点名批评了几名拉班级后腿的学生，说他们家长只顾自己赚钱，根本不管学生，还影响了班级名次。秦老师的话一出口，家长马上哗然。以前（1）班成绩好，秦老师态度差一点，家长也就忍了。现在学生的成绩不理想，秦老师不反思自己带班的问题，反而把责任推得一干二净，家长自然不能忍受。那几个被点名批评的家长当场发难，说："秦老师，个别学生成绩不理想，家长固然有问题，班级成绩滑坡，任课老师和班主任难道就一点问题都没有吗？"秦老师措手不及，她没想到家长居然会质问老师，就反驳了几句。结果造成家长的情绪更加激烈，一时间群情愤慨，秦老师抵挡不住，逃回办公室哭起来。而不依不饶的家长第二天一早就来到学校，要求校长给个说法，也给全体家长一个交代。

王校长不愧经验丰富，他知道，此时此刻稳定家长的情绪是最重要的。于是连忙把家长请进校长室，请他们坐下，并给他们倒水。家长们受到热情接待，心中受用，说话的语气也就缓和多了。王校长代秦老师向家长道歉，同时也表示秦老师是一位认真负责的好老师，只是有时说话比较直来直去而已。最后，他向家长保证，他会和初二（1）班的老师一起，对期中考试成绩作出一个详细的分析，并且针对暴露出来的问题拿出一个详尽方案，一个星期之后再开一次家长会，向家长通报。校长既然如此表态，家长还有什么可说的，他们也不希望和学校闹僵，于是很客气地散去。

事后，王校长找来秦老师，帮她分析了这次事件，对她说："我当然知道有一些家长的确是有责任的，但是你批评他们的方式欠妥，尤其是开家长会当众点名，更是错误的。那些家长都是有头有脸的人物，他们在各自的单位里受人尊重，你让他们在学校里一下子脸面全无，他们自然要起来反驳。好好吸取这次教训，下次家长会再也不能这么开了。"

秦老师犯的错误，许多班主任也曾经犯过：教师由于在家长会上言语不当而受到家长的质疑和指责，家长意见很大，教师无法收拾局面。其实，班主任老师完全可以作一些调整，换一种方式开家长会，既让家长意识到家庭教育的问题，也不会损伤相互之间的感情。

小刘老师的班级这次期中考试的成绩很不理想，在年级 6 个班级中，几乎所有的学科成绩都是垫底。小刘老师这学期刚接这个班级，尽管她接手的时候就被告知这个班级成绩很差，但是不管怎么说，工作了半个学期，学生成绩并不见明显起色，老师也不是没有责任。小刘老师仔细分析了学生成绩不理想的原因，也想好了一些改进的措施，但是无论如何，通过期中考之后的家长会这一关，是她首先面临的难题。

小刘老师想了很久，决定在家长会上首先请班级里两名成绩最好的家长介绍他们的家庭教育经验。当小刘老师发出邀请之后，两名家长很爽快地答应下来。家长会上，两位母亲侃侃而谈，看得出，她们事先做过充分的准备。其中一位家长说："我常常在我的朋友的孩子身上看到我朋友的影子，因此，我也一直提醒自己，一定要给孩子作一个好的榜样，因为，家庭教育对孩子的影响是最大的。"家长的发言博得了所有人的热烈掌声。小刘老师最后发言说，期中考试成绩不好，责任首先在老师，老师们也仔细分析了原因，并且想出了很多方法来提高孩子的学习成绩，希望家长能够大力配合。家长会后来在非常好的气氛下结束，没有一个家长埋怨、指责学校。相反，很多家长围在发言的家长周围，向她们讨教家庭教育的经验。

事实上，家长会从形式到内容都不是一成不变的。专题讨论、经验交流、主题班会、亲子活动乃至于文艺表演，都可以开成家长会。一言堂的家长会少开为宜，批评人的家长会更是不能开。对家长会的内容和程序要精心安排，要考虑到家长的心理感受，如果能设计一定的场景让家长相互教育，既取得家长会的良好效果，又避免不必要的家校矛盾，则是更高明的做法了。

快乐的家长会

么文轩

家长会常常在家长与孩子之间造成"交火"，教师永远是家长会的主角，学生一概被排斥在家长会之外……"家长会也该改改了！"很多家长都有这样的愿望。那么，家长会，应该怎么开？

我们可以变一下观念，换一种思路，用一些巧妙的办法，前面就是一片新天地……

尊敬的家长：您好！您的孩子升入了新的年级，有什么变化吗？他们适应新的老师吗？欢迎您本周五来学校坐坐，看看孩子们的表现，与老师和其他家长谈谈您的困惑、您的教育体会和您的经验。

家长同志：期中考试刚刚结束，您一定非常关注孩子的成绩和孩子在学校学习生活的情况；孩子长大了，在家肯定会有与以往不同的表现，您可能也会有些问题想跟别人交流。请您本周三在百忙中抽时间光临学校，参加我为您和孩子组织的座谈会。希望您带来宝贵的教子经验，与大家分享。

这是两份面目全新、带着几分温暖与体贴的家长会通知。它们不再是往日学校、教师板着脸对家长下的命令了。班主任要在会前通过这张通知把家长会的内容告诉家长，让他们有备而来，而且时间还可以有弹性。

新型家长会中最重要的，是教师角色的转变——由以往当"家长的家长"、一个人口干舌燥却常常徒劳无功地唱"独角戏"，到教师、家长还有学生共同唱一台戏；开会时不再是老师站台上家长坐台下，而是围成一圈，相邻而坐。学生也不再被一概排斥在家长会之外，成为永远的"缺席被审判者"，有些家长会让学生参加，有些家长会的内容还请学生讨论决定。例如：

交流式：就教育中的共性问题进行理论探索，或作个案分析，或开经验交流会；

对话讨论式：就一两个突出的问题进行亲子、师生、教师与家长的对话；

展示式：展览孩子的作业、作品、获奖证书或学生现场表演等，让家长在班级背景中了解自己的孩子；

专家报告式：就学生入学后某个阶段或某个共性问题，请专家作报告并现场答疑，以提高家长的教育素质；

联谊式：教师、家长、学生相聚在一起，用表演等欢快的形式，共同营造和谐的气氛，增进感情和了解；

参观游览式：学生、家长、教师一同外出参观游览，在活动中发现问题，促进沟通。

下面我就简单介绍一下我所召开的两次家长会。

家长会是从一个名为"盲行"的游戏开始的：家长被蒙上眼睛，由不是自己孩子的学生搀扶走过一段有障碍有转弯的路程。在行走过程中，不能用语言交流，只能以动作暗示。这个有趣热闹的游戏给家长会营造出了气氛后，班主任亲切道出设计这样一个游戏的初衷：请家长体验在黑暗中被搀扶行走的心情，让学生体验搀扶的艰难——这是一次部分学习存在困难的学生的家长会；"这些孩子目前就像在黑暗中行走，需要亲人的扶助，孩子和家长双方都要互相体谅。"这就是本次家长会的主题。接着，老师拿出
15 分钟请家长和孩子倾心交谈。之后有几位学生站起来主动谈了自己平时在学习和生活中存在的问题，家长也纷纷检讨了自己过去不当的教育方法。最后，我请每一位家长给自己孩子写下一句赠言，鼓励孩子树立信心。对这样的家长会，家长们感觉既轻松活泼，又有严肃的主题，形式又新又好；学生们反映这次会后，对学习的认识比以前深了，有了一些自觉性，希望以后多开。

班里出现了考试作弊问题，我没有像以往那样批评学生或找家长，而是不动声色地让每个学生养一条小金鱼，一周后开家长会时带来。面对一桌子的鱼缸，我说，"我们今天要搞一个金鱼的评比。但不是比谁的鱼大，谁的鱼漂亮，我们是要比谁的鱼的的确确是自己养的。"在一片愕然的目光中，我引出了诚实的话题，请家长和学生共同进行讨论。我是要用这种特别的讨论式家长会，使问题更平和并积极地解决：不仅帮助学生提高对诚实的认识，

还要使父母们意识到"分数"不是最重要的，应该首先关心孩子的人格塑造，与老师共同引导孩子学习做人、做事。讨论后的发言中，家长们再三表示了对孩子品德的要求与希望，反思了自己在教育过程中的疏忽之处。我在最后总结时点题："刚才同学们都与父母进行了交流，我相信你们肯定向父母作出了后半学期的保证，而且你们一定是慎重提出的，负责任的……"最后，所有家长和学生一起分享了"诚实是金"等赠言。一次本来可能会充满火药味的家长会，以这样的形式给了家长和学生提醒和教育。

家长们欣喜地感觉到了这种变化和由此而带来的收获。一位家长说："开过好多次孩子的家长会，但这种老师、家长、学生面对面地直接交流还是第一次。真的是很新颖和丰富，帮我更全面地了解了孩子，也帮我建立了新的教子观念。"还有家长给老师写来自己的感想："以前总以为自己很知道孩子的一切，便忽略了对孩子的更进一步、更深入的了解。没有了解，谈何理解？所以我们理解不了孩子的一些怪异行为，孩子理解不了家长的良苦用心。今天听了孩子写给父母的话，感到很震惊，也感到很高兴。震惊的是孩子心里藏着这么多的委屈、抱怨，而最关心疼爱孩子的我们却不知道；高兴的是孩子把想说的话说出来了。今天是一个新的开始，几位家长的发言对我们很有启发，孩子一天天长大了，关心孩子的最好办法就是和孩子交朋友，为他们创造宽松和谐的空间。"

教师们在改变了以往的"成绩汇报"方式后，也找到了班主任工作的新感觉。往往是家长会后，家长拉住老师的手感慨万千。家长看到了老师对学生的关爱、对工作的热情，多了了解，家长便对班主任的工作给予了有力的支持。

学生们呢，看到在家长会上，老师是如何真诚地欣赏他们的每一点进步，是如何巧妙地指导家长接纳他们的不足，看到老师确实是为了他们的健康成长而召开家长会，感到一座心桥畅通了。

架起家校联系的立交桥

魏发家

家校联系是班主任的必修课之一，可为家校联系苦恼的班主任却不在少数。特别是全寄宿学校的学生，他们休息的时间相对比较集中，由于学校教育和家庭教育的差异性较大，所以每次大休或长假后的几天，学生往往需要一个重新适应学校生活的过程。这无疑会在某种程度上影响到学校的教育教学。因此，适当地延展学校教育的触角，充分做好家校联系工作，从而实现放假不放手、全程育人的教育目标就显得特别重要。

怎样进行有效的家校联系呢？把家长请到学校吧，容易影响家长的正常工作，社会反响也不好；到学生家家访吧，学生又居住分散，各省市都有，路途遥远；打电话吧，又往往不能进行有效的双向交流……笔者在全寄宿的私立学校担任了 4 年的班主任，逐步摸索出了以家校联系手册和有规律的家校联系卡为主，电话、网上交流为辅，假期集中家访作补充的立体交通式家校联系方式，收到了不错的效果。

1. 家校联系手册

家校联系手册是我应用时间最长的家校联系工具。每个月的大休前，每次长假前，我都认真全面地了解并总结学生这段时间各方面的表现情况，给每一位学生的家长都写一封字斟句酌的长信：向家长汇报孩子的各方面进步，哪些方面还有待于改进，月休期间有哪些注意事项都一一注明。有时，还与家长进行一些教育思想、教育方法上的交流，以统一认识，形成合力。例如针对某些家长过分强调"双百"、注重学生名次的倾向，我与他们就"80/20 法则"、"第十名现象"进行了笔谈；针对某些家长对孩子的求全责备，我详细地向他们阐述了"半杯水"理论。我还经常利用这本手册,与家长交换学生性格的完善、能力的培养、习惯的养成、兴趣的引导等一系列共同关心的问题的看法,及时听取家长的意见和建议,从而使联系手册成为家校联系的桥梁及班主任工作的参谋和助手。

2. 家校联系卡

学生家长工作都比较繁忙,也有一部分家长不习惯于写信。所以,虽然刚开始学生家长的回信热情都比较高,但是时间一长,就有些学生家长觉得无话可说。家校联系手册成了向学生家长汇报学生在校情况的单向工具,因而丧失了一部分功能。学生在家的表现情况教师不能很好地掌握,工作难免出现被动。这时候,一种更简便易行的家校联系方式——家校联系卡应运而生,成为家校联系手册的重要补充。家校联系卡在大休、小休期间都印制发放并及时回收,时效性较联系手册更强。一份联系卡往往只列举5~10个反馈重点,针对性强,易于操作。

由于联系卡这种联系形式自身的优点,再加上教师对反馈项目的精心设计,联系卡一经试用就得到了学生家长的欢迎,反馈率接近100%。家校联系卡使家长全面地掌握学生的在校情况、消除教育的"真空"成为可能。一位家长在意见栏中写道:"学校开展这项活动很好,能够督促孩子养成更好的生活习惯,它对学生是一种约束,对家长是一种帮助。我们很愿意配合学校的工作,认真评价学生在家的表现,使学生有更大的进步。"这无疑道出了学生家长的共同心声。

3. 家访

虽然民办学校的学生居住比较分散,给教师的家访带来了一些困难,但由于家访的不可替代的作用,所以仍然应该受到教师的重视。家访往往可以发现平时发现不了的问题,了解到一些平时了解不到的情况,还可以听到学生家长平常不愿意反映的问题。

另外,手机短信、网上留言本、电子邮件、家长会、电话交谈也是常用的联系方式。班主任只要本着尊重家长、尊重学生的交流原则，因时制宜、因地制宜地选用合适的联系方法，就一定能构建起快捷、高效、节省的家校联系立交桥，从而实现家庭教育和学校教育更加密切的配合。

班主任的努力终会赢得家长的信任

何　瑾

接班之前就知道有林这么个学生，知道林是因为林的父亲。这位家长曾经冲进学校学生处，把林当时的班主任骂得狗血淋头，失声痛哭，并且冲学生处主任喊出了后来让所有老师心寒的话："我们家林从前是个乖娃娃，就是来这个学校才变成现在这个鬼样子，你们要负全部责任！"

林的父亲是房地产商，与学校董事会有极深的渊源，也许是因为这方面的压力，这个班初三换了班主任，由我来接手。

与学生初步接触以后，感觉这个班的学生其实很有潜力，前任班主任的失误在于对学生要求太高太急，斥责太多，缺乏充分的鼓励和指导。比如林，入学年龄偏小，家里又娇生惯养，入学后反映出生活能力差、学习习惯差、不适应学校生活、思想波动大等问题。对于这样一个较普遍的现象，年轻的班主任因为缺乏经验，忽视了应该有的关心和引导，加之初中学习的难度和强度都较小学有较大增加，林感觉生活无趣、学习困难，继而厌学弃学，各种问题频发。而林特殊的背景又让班主任在管理上畏首畏尾，最终造成了林的学习、生活大滑坡。公正地说，学校教育和家庭教育在林的问题上都有失误之处，我只能尽力从学校教育这个方面来弥补，至于家长的配合，我不抱太多的希望。

林是一个典型，也是一个普通的学生，他的转化还是必须靠"三心"来实现——爱心、耐心和信心。按以往的经验，我分三个步

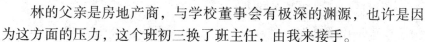

骤来做：建立和谐的师生关系，让林能接受我的教育；为林提供成功之道，让他看到希望；逐步纠正他的不良习惯。对林，我不另眼相看，不恶语伤人，很快便让林乐于亲近我了。我总是及时给林提出建设性意见，他有可圈可点的地方我就及时肯定，这让林很信任我。林开始一点点融入到班级学习生活中来。林不交作业是个老大难问题，我就以每个同学都要为班级服务为由，让他负责收我的英语作业，这样我就可以每次很自然地问他谁没有交作业。当林说再不按时交作业就要受罚时，我让他自己定怎么罚，让他自己把自己的退路堵死。开始林的作业还要抄抄别人的，后来发觉自己能做一些，再后来发觉只要好好听课就能独立完成作业了。这个过程中，林各科的学习情况也大有好转。利用与林之间已经建立起的信任，有机会我就开导他。一次在学校林荫道上与林的谈话，两个人站着不知不觉说了 3 个小时。在我的苦口婆心之下，林也渐渐地理解了自己在学校应该遵守的规则，尝试着过正常的学生生活，之后有了不少看得见、感觉得到的进步。

毕竟是积重难返，林还是不时出一些问题。一次学校活动，规定全体学生必须穿校服。活动是提前通知的，而全校学生只有林没有穿校服。询问之下，林说自己的校服刚泡上水，还没洗，另一套校服在家。我知道林平时的衣服都是在学校洗衣房洗的，他是故意这样干的。情急之下，我拨通了他父亲的电话。这是我半学期来第一次给林的父亲打电话，林父的"前科"实在让我怕与他打交道。我让林父派人把林的校服带到学校来，特别叮咛放在门卫室就行。20 分钟后，林父出现在办公室，出现在我和林面前。当林叫爸的时候，我都懵了，真担心这位五大三粗的汉子再次发难。出人意料的是，林父非常和蔼地问好之后便和我一起教育起林来，林终究还是穿上校服参加了学校活动。

林父没有立刻离开，而是态度诚恳地和我谈起林的教育来。他说这学期林变化很大全是老师的功劳，说他其实对自己的儿子都已经绝望了，幸好老师还没放弃他的儿子，做了那么多工作，还说自己以前没有教育好儿子不是个好父亲，请老师多多帮助林……林父反反复复说了许多感谢我这个新班主任的话，中间四五个电话他都在"我正有事"这样简洁的回答后挂掉了。我边听边在想：这就是传说中狂喊"你们要负全部责任"的家长吗？

这以后，和林父的交流渐渐多了，林的进步也越来越大。再后来，在我的建议下，林复读了初三，终于考上了自己喜欢的学校。

这个故事让我更加清楚：家长的信任源于教师的努力。班主任在学生身上付出的汗水和心血，家长是看在眼里记在心里的；再"混账"的家长都盼着自己的孩子能健康成长，都不会与真心帮助着自己子女成长的班主任对着干；学校教育需要家庭教育的有力支持，班主任必须通过自己对学生的工作架起学校与家长联系的桥梁；家长的闹心、不讲道理大多因为自己孩子糟糕的状态，对班主任工作、对学校教育的误解和不信任；只要我们把应该做的教育工作做到位，让学生一天天在进步，就一定能得到家长的理解、信任和最有力的支持。

施教之道，男女有别

赖联群

詹老师是个年轻的男教师，大学毕业后一直任教数学学科且当班主任。5年来，他以自己的勤勉扎实赢得了学生家长与学校领导的信任，多次被评为优秀班主任。年轻有为，前程似锦，按理说是值得高兴的事，可最近他却垂头丧气，提不起精神。有一天，他向我诉苦说，自己一直很平等地对待每一个孩子，可是有很多学生在评教中认为他重女轻男。有一次，一个学生当众指出他对女生特别好。情急之下，他连连反驳，说自己对女生没有特别好。结果，双方都很不愉快。

　　事后詹老师反思，他觉得自己应变能力不强。学生指出自己对女生特别好，当时为什么要反驳呢？没错，我对女生是特别好。同样，我对男生也没有特别不好呀，对学生特别好有什么错？另外，他至今依然想不通，女生在生理、心理、个性等特征均有异于男生，让女生干点细致活，让女生在有"情况"时免于做操，在女生哭鼻子时给点安慰，怎么就成了重女轻男了呢？

　　学生感觉老师不公平，老师的心也在隐隐作痛……

　　这个案例的关键点是师生的思维触点各异，教师有教师的"江湖"，学生有学生的"江湖"，在教育的过程中，面对同样的现实情境，当师生双方不能"一统江湖"的时候，矛盾就必然会发生，不管错的在哪一方，教育的效果都难以达成。

　　性别差异是客观存在，也是教育必须面对的问题。男生粗心、刚强、爽快、调皮、勇敢、多事，而女生则细心、柔弱、羞涩、文静、内敛、乖巧。班主任根据男女生的不同心理进行教育活动无可厚非。男生粗心调皮，老师会多批评些，女生羞涩乖巧易掉泪，老师就多安慰些；男生因偷懒想逃操常被拒绝，女生因"每月的好朋友"来临常被老师关照；男生刚强勇敢有力量，常常分配到粗活，而女生文静柔弱往往只需干点细活；即使男女生犯同样的错误，老师语气也是轻重有别。其实，所有这些都没错，尊重"男女有别"，尊重生理与心理差异，这本身就是因材施教啊。

　　可问题是学生不这么理解，他们的思维触点不在教育规律而在自身的"待遇"。既然在同一班级，老师为什么厚此薄彼？既然我受到严厉批评，她为什么能享受"轻描淡写"？老师受感动的为什么总是女生的眼泪而不是男生的血汗？大家都是父母所生，为何在老师眼里男女两重天？……

　　一言以蔽之，教师看重的是差异，而学生关注的却是共同点。冲突产生之后，老师如果不加引导，矛盾必然激化，甚至会影响到整个班集体的建设。那么，应该怎么办才好呢？处方如下：

　　1. 多开展男女搭配的集体活动。如爬山、大扫除、拔河比赛、出手抄报、社会调查等。"男女搭配,干活不累",这仅仅是提高活动效率的一种说法。更重要的是,在男女搭配成小组的活动中,男女之间可以取长补短,互帮互助,从而更好地了解对方,为"男女有别"教育手段的落实打下良好基础。

2. 开一节"男女有别"的主题班会。要求学生从书籍或网络中搜集有关男女不同生理、心理特征的材料,并穿插一些生动活泼的文娱节目,让大家在自主与轻松中接受"男女有别"的现实。

3. 传授一次相关的教育学、心理学知识。通过学习,让学生明白老师"因材施教"的做法的好处,理解老师的良苦用心。

4. 举行一次"假如我是男生(女生)"的征文比赛,让学生在执笔沉思中进行角色换位,以便更好地体谅异性。

班主任要真正融入新班级

焦照锋

一年一度的新生入学又开始了。俗话说:"万事开头难。"一个好的班主任应尽快融入新班级,演好新角色。那么,该怎样做呢?

新学年一开始,作为新生班主任,我努力熟悉班级情况,力争开好第一次班会。

开学军训期间,我通过各种渠道走近每一个学生,熟记他们的名字,了解他们的兴趣和特长。第二天,我一一叫出每个人的姓名,跟他们交流我的打算和治班方针,征询他们的意见。这样,我取得了他们的初步信任。

第一次班会上,我问学生:"什么样的老师才算称职?"学生们纷纷举手,各抒己见,讨论热烈。我让一个"调皮"的学生把同学们的观点写在黑板的左侧,我接着问:"什么样的学生才算合格?"同样,学生们积极讨论,提出更多条"要求",我让他写在黑板的右侧。我说:"左边这些是同学们对我的要求,我将尽力做到;右边这些就是同学们对自己的要求,我希望并相信同学们也能做到。让我们互相监督。"最后,我在黑板上签了名,再让班长代表全体同学签名。这样,我与同学们在轻松愉快的气氛中签订了"诚信合同"。

这几件事,让我很快在感情上与学生缩短了距离,走进了学生心灵,得到了他们的初步认可。

其次,就是组建班内的干部队伍。俗话说"火车跑得快,要靠车头带",在最短的时间内组建一支精明强干的班委队伍尤为重要。培养学生干部可以因人而异,但必须遵循一个基本原则:让学生根据自己的性格、特长,在班集体中自主寻找合适的位置。我带的班级,都采用"四级干部制"(这不是凭空而来,而是通过学生自荐和活动观察评选出来的):第一级是"核心力量",班长和团支部书记,他们是班主任的主要助手,是全班的带头人;第二级是"中级干部",班委和团支委全体成员,他们各负其责,独当一面;第三级是"基层干部",组长和科代表,班中日常性事务,大小都落在他们身上;第四级是各兴趣小组组长,这些干部有自身的爱好和专长,他们在班里的课外活动中起关键作用。干部队伍组建后,对他们要给权力,定职责,进行分级管理。即班长管全面,学习委员主抓各科科代表工作,各小组长负责各小组的工作,宣传委员主抓各兴趣小组的工作等。在班内开展竞争,如各小组之间、各科之间的竞争,各部门之间的竞争,其结果都和评选"优秀干部"挂钩。学生的考勤情况、行为情况,都与评选"三好学生"、"德育等级"、"卫生之最"挂钩。每周小结一次,评选"本周之最"在黑板上张榜公布。

实践证明,"四级干部制"是金字塔状的全员参与的管理模式,通过树干、树枝状的渗透,班级中的每个人都找到了自己的位置。在班长的带领下,大家团结协作,上下齐心协力,分工明确,职责分明,班主任再充当协调、指导的角色,做好班级的各项工作,出色地完成学校布置的各项任务,赢得了学校领导的好评。

最后,及早培养良好的班风学风。著名教育家叶圣陶先生说过:

"教育是什么，简单方面说，只有一句话，就是养成良好的习惯……"一个具有良好班风班貌的班集体，一定具有凝聚力、吸引力，一定会给学生提供一个良好习惯养成的环境氛围。我主要通过抓一般学习习惯与特殊学习习惯的养成，使我班的班风班貌一开始就得到了整体发展。每位学生都能把班集体的荣誉与自己的行为紧密结合，都想为集体争光。这为以后班级不断进步、取得许多荣誉打下了坚实的基础。

班级管理工作千头万绪，工作方法千差万别，但以上3个方面，我认为是新生班主任首先应该做好的。这3个方面做好了，便可取得学生的信任与爱戴，培养好自己的助手，在班内建立良好的班风学风。如果这样的话，将会取得事半功倍的效果。年轻的班主任，请你不妨一试。

给班级卫生工作支好"招"

刘大玲

开学之初，教室卫生状况令人担忧：一个个塑料袋张着大嘴，一个个牛奶瓶、纯净水瓶在地上懒散地躺着，一张张的废纸横卧教室……这些都像"丑小鸭"一样给教室的"尊容"抹上了一个个极不相称的图标。我教的是低年级，学生还没学会打扫卫生，经常是我替他们打扫。每天扫完教室，我已是满面灰尘，满头大汗。把垃圾装进簸箕，叫俩学生抬出教室，运到指定地点，来回要走好几趟——因为垃圾太多，就像从牛栏里出牛粪一样，让我心里有一种说不出的滋味。

一天放学前，我像往常一样叫学生抬垃圾去指定地点，抬头望着垃圾箱，只见有个收废品的老大爷佝偻着腰，戴着口罩正用火钳把废纸一张张地钳入他的大塑料袋中。我灵机一动，不是可以在班

173

上设立一个垃圾回收箱吗?让学生把废纸、塑料袋、牛奶瓶等分类放到垃圾回收箱。到星期五就让收废品的老大爷来收购,这还可以为班级创收呢!于是,我就把家中那装彩电的纸箱用一块泡沫塑料分成两格,一格装废纸,一格装塑料袋、牛奶瓶。第二天一大早,我就把它拿到了教室。学生们看着我拿来的纸箱,纷纷挤过来,每个人脸上都"挂"着一个大大的"?"。

班长小芸第一个发问:"这纸箱拿来装什么呀?是不是装图书角的书呀?"

我叫学生坐好后说道:"同学们,我们的教室是我们温暖的家,我们要把它打扮得漂亮、干净、整洁,教室里的垃圾这么多,在这里学习是不是不舒服呀?老师给你们提一个环保小建议:以后小朋友们喝过牛奶、AD 钙奶的瓶子,用过的塑料袋、草稿纸等不要乱扔,都把它们放到这个纸箱子里,这格放纸,这格放塑料袋、牛奶瓶等。到了周五就叫收破烂的人来收购,卖掉废品的钱我们把它当作班费,用来奖励卫生工作做得好的同学,也可以用它去充实我们的图书角,让同学们学到更多的知识。"

"好啊!好啊!"教室里一片欢腾。大家脸上的"?"都化作一个个"!"。

我做手势让学生安静下来,继续说:"不过,这要求同学们每个人每天都得这样放,而且其他的东西也不能乱扔,把其他的垃圾放到以前装垃圾的簸箕里。这样我们班打扫卫生就省时省力多了。你们还要配合学校的'弯腰'行动,把校园里的纸屑、塑料袋、塑料瓶等回收到教室的纸箱里。这样,在美化我们自己的教室的同时,不也会美化我们的校园、净化我们的心灵吗?"

这一建议带来了可喜的变化:班级卫生工作有了明显的改观,废纸、塑料袋、牛奶瓶等乖乖地躺进了垃圾回收箱。校园里的"白色板块"也少多了,"红领巾广播站"还专门报道了我班"弯腰"行动坚持得好。我和同学们听到后心里都甜甜的。

周五那天,我叫来收废品的老大爷,劳动委员和班长把垃圾回收箱清空了，换来的是一叠零钱。他们的小手轻轻地抖动着，眼角分明噙着泪花。我的心也随着颤动，这可是我们设立垃圾回收箱后得到的第一次回报呀！

班级卫生工作就好像人的一张脸，干净、整洁，它的精神面貌就显现出来了。在班上设立一个垃圾回收箱，既可以让学生形成良好的卫生习惯，还可以增强学生的环保意识，同时能为班级创收，这可是一举三得的好事。老师们，你们还等什么呢？赶紧设立一个吧！

架起成长的安全通道

丁莉莉

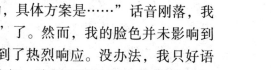

前不久，在一次"这个'六一'怎么过"的主题班会课上，同学们按照惯例，热火朝天地开展小组讨论、阐述理由、制订方案……真不知这些小家伙都有哪些"金点子"？到了小组汇报的时候："我们小组建议到海边去活动，具体方案是……"话音刚落，我的脸上就不由自主地"晴转多云"了。然而，我的脸色并未影响到孩子们的向往，这个提议很快得到了热烈响应。没办法，我只好语重心长地直言不讳地说："你看你们，除了玩就是玩，还要到海边，那么远，那么多人，谁能保证安全呢？"班里立刻安静下来，同学们有些失望地看着我。这时一名学生站起来："老师，每次一谈到外出活动，您总是说等一等，时机不成熟，不利于安全，难道我们在校内呆着就一定能保证安全吗？出去就不安全了吗？再说，您不是经常告诉我们要走进生活，拥抱大自然吗？"

面对学生的反问，我有些无言以对。想想自己也从童年走过，那时的日子虽然艰苦，但却那么生动有趣。在记忆的天空里，童年是用绿草和野花编织的，我们可以自由地对着星星说话，可以叠一只纸船顺流漂泊心愿，还可以骑着扫帚，把自己当成威武的将军，可以大胆地去河里痛快淋漓地洗个澡，甚至看蚂蚱、捉蛐蛐、挖蚯蚓、戏小鱼……大自然有多美，童年就多美！但现在的孩子离大自然却越来越远了。相当多的孩子不仅不知道螳螂、蚱蜢的样子，甚至不知道香蕉、苹果从何而来……在日益现代化的生活节奏中，知了的鸣唱已引不起孩子的多大兴趣，栽花种草更是几乎与孩子无缘。孩子们最好的伙伴就是游戏机、电视机、电脑和游乐玩具！他们的世界就限制在狭窄的空间，限制在书本，限制在课堂，限制在学校……1939年，陶行知先生曾形象地指出："社会即学校这一原则，要把教育从鸟笼里解放出来。"他认为学校里的东西毕竟太少，实行了社会即学校这条原理，教育的材料、工具、环境范围都可大大增加，学生和先生也可以多起来，校外有经验的农夫、工程人员都可以成为先生。

　　平时，我们常说"学生安全重于泰山"，这句话千真万确，但现在它却越来越成为一种限制学生户外活动的托词。曾记得一位朋友到我校办事，看到课间孩子们可以随意跑跳，非常不解地问我："这种事你们学校为什么不管一管？我们学校的学生管理那可是非常严格的。任何时候，学生都习惯于整齐有序地慢走，像你们这样怎么保证学生安全哪！"我笑了："让他们玩吧，我们小时候比他们还淘呢！这是他们的天性，让他们感到校园生活的多彩，这是我们的追求。"看到他仍是一脸的遗憾和不解，我不禁感到一种莫名的悲哀：出于某些学校和教师片面强调"安全"的需要，学生们的活动越来越"规范"了，然而这种秩序井然的背后是封闭狭小的教育场所和精神空间，学生自由和谐发展的生机活力在慢慢地隐退和消亡。学生的成长得不到自由拓展的空间，得不到需要的"阳光"和"雨水"，得不到必要的"营养"和"空气"，这种安全性保护带给孩子的可能是灾难性的后果，孩子们的观察能力与动手能力会越来越差。如果这样的学生置身大自然之中，或遇上突发的险情、灾情，他们除了幻想"变形金刚"来救护之外，还能有什么其他办法呢？

“面对孩子们渴望的脸，作为班主任老师，到底应当怎样做?”我经常在思索这个问题。而如今在自己的课堂上，这又引起我对安全教育的反思。在下一次班会上，在无比感慨和自豪中，我写下了班会主题：“架起安全的成长通道，拥抱自由和谐的天空。”我对孩子们谈起了自己的真实想法，最后坦诚地说：“同学们，老师理解你们，老师愿意引领你们走进生活，捕捉学习资源，盼望你们拥有一片自由的天空，不让你们背着沉沉的包袱前行，使你们学得愉快而有兴趣，但更渴望你们生活得平安幸福。其实这两者并不矛盾，我们大家在一起互相讨论一下，怎么样才能使之真正融合在一起？这是布置给你们的作业，也是布置给我自己的作业！”同学们都感动了，教室里掌声如雷。在思考和讨论的过程里，我和同学们找到了几条比较可行的解决办法：

（1）安全问题不是借口，有效防范危险才是解决之道。牢固树立和坚持了这个观念，老师在工作中就一定能做到“细、勤、严、新、实、活”，以高度的责任心、细致的关心、温暖的爱心，不断增强安全意识和服务意识。同时，通过更多地掌握同学们意外伤害事故的急救方法和实践经验，提高防范危险、确保安全的工作能力。

（2）让正确的安全意识真正进入同学们心中。同学们要在正确的安全观的指导下，养成良好的户外行为习惯和行动规范；要提高同学们的自我保护意识和整体防护意识，培养互相关怀和合作精神，做到“我的安全就是大家的安全，大家的安全就是我的安全”。

（3）外出活动要在安全问题上未雨绸缪。只要外出活动，都要认真计划好较为详细的安全预案，同时让安全预案人人熟知。班级活动要及时向学校请示，在学校的总体安排下积极和有关部门联手合作，通过“人人关心安全，人人参与安全”，确保活动顺利，开心安全。

（4）建立相关合作机制，家校合力促安全。可以多采用“快乐连心桥”等多种方式，耐心引导家长积极参与学校和班级的户外活动，通过落实家长帮带责任制，分解教师安全防护压力和责任，既可以调动教师和家长两个方面的活动积极性，又搭建了家校沟通交流的平台，增进了双方的感情和合作。

（5）精心设计好户外活动载体，实现寓教于乐，寓安于乐。可以通过创设合理的走向生活的各类情景，使同学们走向生活，融入生活。如组织学生看展览、参观、看电影、听报告、开展主题活动、小记者行动和"我当一天家长"等活动。同时，坚决不搞危险系数大、明显不适合小学生的活动，把安全问题控制在可掌握的范围内，做到只要精心组织，关注细节，就会万无一失。

就这样，我们班"神小（神道口小学）快乐的风——亲近大海，拥抱自然""六一"系列活动方案（包括安全预案）很快诞生了，校领导深思熟虑后，不仅批准了我们班的方案，还号召全校学习！这个"六一"，阳光明媚，孩子们从家里搬来的锅碗瓢盆在"叮叮当当"地奏响着："我们去海边啦！""我们走进生活啦！"孩子们快乐地玩着，笑声在海天之间久久地回荡着、回荡着……

绚丽多彩的生活是孩子们的梦想之源，我们教育工作者，尤其是作为班级工作领导者和组织者的班主任老师，有责任也必须让孩子们的学习生活中有花蕾绽放，有蝶儿起舞，有鱼儿戏水，有月儿弯弯，有青烟袅袅，有鸟儿展翅，有柳絮飞扬……在缤纷的世界里，学生会怀有许多美好的期待，用美妙的生活织成七彩的梦想。让我们一起携手，让安全不再成为一种借口！让走向生活、拥抱大自然不再成为一种口号！让我们共同努力，架起安全的绿色通道，让学生拥有自由和谐的成长天空，让教育带给学生希望、力量、光明和自信，使每一个学生都能够成为和谐社会的建设者和幸福人生的创造者！

做一名阳光班主任

郭力众

2004年1月8日《现代教育导报》发表了一篇长篇报道《让学

生沐浴在人性光照的温情里——王立华班主任工作的新视角》，向人们讲述了临沂八中的一位年仅 25 岁的优秀班主任王立华的故事。王立华勤奋努力，积极进取，自我充实，自我提升，工作 6 年来买了 16000 多元的书，写了 500 多万字的教育日记，实现了自我人生层次的提升和生命的升华，很快就成为了拥有非常丰厚的文化底蕴和高超的教学和管理艺术的优秀班主任。他的教育探索、实践曾被《中国教育报》、《当代教育科学》、《山东教育》、《现代教育导报》等报刊长篇报道。

王立华给班主任树立了一个成功的榜样。的确，社会在进步，时代在发展，班主任只有不断地自我提高，自我完善，才能适应时代的要求，才能适应社会发展的需要。

一、增强责任心

敬业爱岗，有强烈的责任心，这是一个公民、一个员工在自己的工作中应该遵守的基本原则，而教师这一行业，尤其是担任班主任这一工作，更应该这样。因为，做一名老师，首先就意味着寂寞、奉献和牺牲，"三尺讲台，两袖清风"，即使是在今天的市场经济大潮下，仍然可以用这句话来概括教师的生活和生存状况。教师这一特殊的行业，没有科技领域里的鲜花和掌声，没有潮流行业里的荣誉和地位，也没有企业老板的收入和骄傲。但也正是如此，才更需要老师能够严于自律，保持一颗平常心、一颗责任心。用平常心来看待自己的职业，用平常心对待自己的工作；用主人公的心态投入工作，用主人公的责任感激励自己；不被外界的种种诱惑所吸引，不被外界的潮流所动摇，甘于寂寞和奉献，甘于清贫和牺牲。在工作中能够投入自己的心血，播撒自己的汗水，用自己的满腔热情唤起学生们的激情和动力，这是阳光班主任的基本素质。相反，如果没有对教育的热情，没有良好的敬业心和责任感，即使是学问再高深，知识再渊博，也不可能、也不会成为阳光教师，更不会成为阳光班主任。

二、提高教学水平

班主任的主要任务应该说是搞好班级管理工作，但是切不可忽视自己的业务素质和业务水平的提高。从某种意义上说，一个优秀的班主任，首先应该是一个优秀的老师。如果班主任自己的业务素质和业务水平都很高，学生喜欢听你的课，喜欢上你的课，首先就能给学生一个好的印象，就能让学生从心理上接受你。这样就能起到一个很好的老师效应。就像很多学生崇拜心中的偶像一样，让学生首先从心理上接受班主任，这是做好班级管理工作的首要条件，这也是做好班级管理工作的一个基础。反过来说，如果班主任的教学水平不怎么样，学生就会从心理上看不起他（她），他（她）的课学生也就不喜欢听，不乐意上。不仅如此，学生还会从心理上拒绝接受他们的班主任，这样就会降低老师在学生心中的威信，不但不利于今后教学工作的开展，还会给今后的班级管理工作带来一定的隐患。从生活的实际情况来看，优秀的班主任在教学上也多是一把好手，相反，班级管理工作做得不怎么样的班主任，教学水平也往往一般。所以，要想成为一名阳光班主任，就必须努力提高自己的业务素质和业务能力。

三、善于学习先进的教育教学理论

如果说提高业务水平是专业发展的要求的话，那么学习先进的教育教学理论，可以说是现代班级管理的需要。王立华就是这个方面的典型。一般说来，师范院校毕业的学生都学习过教育学和心理学方面的知识。但是，我们还是不能不正视这样的现实：一是原来教材的内容大多陈旧，与我们的时代相差很远，很多内容已经不能适应如今社会发展的需要。二是当时在学校学习的内容，毕竟只是一些理论而已，大多已经随着消逝的时光而消逝了。剩下的，也就只有几个空洞的概念，甚至于连几个概念也全然忘记了。面对着眼前这光怪陆离、瞬息万变的信息化社会，面对全新的学生和全新的问题，班主任往往在工作中难以准确把握自己、把握学生，甚至很多时候面对学生、面对学生的问题，会处于一种尴尬难堪的境地。这也是一些老教师为什么不受学生欢迎的原因之一。所以，学习一些现代教育教学理论，学习掌握一些先进的教育教学理念，了解一些目前学生的生理和心理特点，了解一些学生的思想动态，无论是对于我们自身的提高来说，还是对于班级管理而言，都有着极大的好处。像《顶好教师》、《师生沟通技巧》、《情境教育学》、《教育心理学》等书籍都可能会给我们一个全新的认识和感受。两年前，我参加了北京师范大学心理学研究生进修班的学习，觉得收获不小。通过学习，我对于师生关系的理解、对于学生思想状态的了解和对于学生问题的解决等方面，与过去相比都有了较大提高。我还针对学生的心理状态和压力，在《现代教育报》、《中国教师报》等报纸上撰写了有关文章，分析学生中存在的问题，帮助学生解决，避免了过去那种"教师有心去说，学生无心去听"的空洞无用的说教式教育。

四、要善于总结和反思

在实际工作中，很多班主任都有着自己的教学和管理经验，这是一笔难得的财富。它对于我们的教学，对于我们的管理，都有着很好的借鉴和指导作用。所以，对于这些经验，我们要善于总结，善于归纳，来发展提高自己。同时，我们还可以充分借鉴和吸收别人的先进的经验来弥补自己的不足。像张万祥老师的班主任工作资料库、王晓春老师的《教育智慧从哪里来》、魏书生老师的《班主任工作漫谈》以及万玮老师的《班主任兵法》等都是值得学习和借鉴的。在及时总结的同时，我们还要善于反思：反思自己的思想和态度，反思自己的行为和方法，反思自己的教学和管理。反思，能够让我们更好地认识自己，更好地认识别人，更好地认识我们工作中的成功和不足。这对于我们自身的提高，对于我们自身的成长，都是极有好处的。

《情境教育学》上说：从师范教育的角度来看，一个胜任的教师是学校培养出来的；从教师个体角度来看，一个优秀的教师是自己塑造的。班主任的成长也是如此。祝愿我们所有的班主任都能够不断地充实自己、提高自己、完善自己，做一名阳光班主任。

班主任要练好"五字"功

席咏梅

当教师就要兼任班主任，班主任是教育阵线的排头兵，班主任工作最能磨炼人、培养人；而当班主任就要立志当名班主任，当学者型、专家型的德育工作者，为此我们必须练好"爱"、"学"、"积"、"思"和"创"这"五字"功。

一、"爱"字功

班主任对学生的爱比亲情、友情、恋情更深沉、更执著、更无私、更持久、更真挚、更热烈。这种爱是基于对祖国和民族未来的高度责任感而产生的真挚而高尚的感情，这种爱是感情与理智的高度集中与统一。这种爱包含着学识渊博的良师对弟子早日成人成才的渴望，包含着高尚的人梯精神与蜡烛精神，包含着休戚与共、心心相印、亲密无间的密友般的情谊，包含着对朋友的缺点与错误不包庇纵容、姑息迁就的净友的赤诚，包含有发现人才、推荐人才、尽全力挖掘青少年创造潜能的眼光，包含有为人才的成长殚精竭虑的心血，包含有保障他们安全度过青春危险期的责任感……学生在校时，班主任关心他们的思想、学习、身体；学生毕业了，班主任关心他们的深造、成长。这是天底下无与伦比的爱，这种爱陪伴班主任走过一生。优秀班主任集古今中外优秀道德于一身，为人师表、身正为范，上承中华民族五千年之传统美德，下扬当今之社会主义精神文明，倾一腔热血为中华哺育英才，尽一生精力为民族培育栋梁。对权贵子弟不偏爱，对贫寒子弟更关心；对优等生不溺爱，对后进生多亲近。有了这种爱，对事业成功就会执著地追求，就会在"学"、"思"、"积"、"创"上下工夫。

二、"学"字功

现在我们面对的是一个崭新的时代——科学技术迅猛发展，知识经济初露端倪的时代。人类社会的发展从来没有像今天这样神速。截止到 1995 年，人类社会获得的科学知识，90% 是第二次世界大战以后的 50 年间获得的。人类科学知识，19 世纪是每 50 年增加一倍，20 世纪中叶是每 10 年增加一倍，当今则是每 3 至 5 年便增加一倍。如今全世界 1 小时产生 20 项新发明，1 年增加 790 亿条信息，因特网已连接了 2000 多万台计算机主机、130 万个大小网络与 1 亿多个网络用户。这个巨大的网络，每秒截获的信息是美国国会图书馆拥有的信息量的几百倍。电脑正如日中升，方兴未艾，却即将被光脑取而代之。通常情况下，光脑的运算速度是电脑的 1000 倍。据此，我们还没感到学习的紧迫吗？我们必须树立终身学习的观念。班主任更要一马当先，让酷爱学习成为终身具备的品格。具有渊博的学识，具有继续学习的要求、习惯与能力，懂得如何获取、处理信息，掌握基本的信息技术，这是新世纪对教师，尤其是对班主任的新要求。而要实现这一切，必须好学上进，勤于读书。班主任在好学方面要充分发挥师表作用。用强烈的求知欲、刻苦学习的精神、严谨的学风，潜移默化地影响学生，只有如此，学生才会秉承师德、继承师业，养成刻苦学习、终身学习的好品质。班主任要通过刻苦学习，使自己具有精深的专业知识、广博的多学科知识，努力做到专博相济、一专多能、一专多通，建立起既精又深、既宽又厚的知识结构，以教育并熏陶学生成为全面发展、知识渊博的人才。这是班主任工作职责的要求，更是新时代的要求。

三、"积"字功

班主任工作是科学的事业、艺术的事业。班主任不能做井底之蛙，眼光短浅；不能做孤家寡人，孤芳自赏；也不能墨守成规，人云亦云。相反，要求实求新，不断开拓创新，这就必须随时认真总结、勤于思考、虚心借鉴、博采众长。须知"操千曲然后晓声，观千剑而后识器"。勤于、善于积累可帮助我们攀登事业的高峰。大凡卓有成就的人都有这一良好的习惯。班主任在工作中面对一届届迥然不同的班级、几十几百个性格各异的学生，是怎样对症下药而取得成效的，班级在德智体美诸方面的建设，班集体的成绩与失败、光荣与耻辱，做好后进生转化的经验，班级工作的独特设计……这些都是无比珍贵的资料，应该随时随地积累下来。平时勤于积累，到关键时刻，便可以凭借积累的材料温故而知新，找到解决问题的钥匙。有时一闪的感悟、一瞬的火花，若不及时记下来，就会逝去。而珍贵的资料若不随时收录起来，一到用时就会"上穷碧落下黄泉，两处茫茫皆不见"，留下遗憾。而平时随手记下的"一砖一瓦"，经过再学习、再思考，日后或许会成为"一座高楼大厦"。当然，最初的积累往往是幼稚的、低级的、零散的，但只要你持之以恒，积累的资料信息多了，自然就会逐渐由低级到高级、由零散到完整、由肤浅到深刻、由贫乏到丰富、由不成熟到成熟、由不自觉到自觉。这样，借助"积累"，在德育工作的某个方面，必可由必然王国进入自由王国，从而掌握某个规律，开创新局面，班主任工作就会跃向新的高度。在培养、积累好习惯的过程中，要注意：认识重要性，克服急躁性，保持持久性，讲求实效性，立足长久性。手头勤，德育精，这也是一条规律吧！

四、"思"字功

勤于思考、善于琢磨，这也是杰出人物的共同品质。科学巨匠牛顿说："我的成就当归功于精心的思索。"划时代的科学家爱因斯坦说："学习知识要善于思考、思考、再思考，我就是靠这个方法成为科学家的。"勤于思考、善于琢磨也应该成为优秀班主任的个性之一。当前我们面临的是与以往截然不同的时代，而我国经济体制的改革，市场经济的全面启动，国门日益加大开放的现实，这一切给我们的德育工作带来巨大冲击、众多困惑；而我们面对的是与任何时代都不同的教育对象，他们具有不迷信宣传、不崇拜权威、不轻易服从的"三不"特点。德育工作不能再靠老经验、老方法、老套子。时代背景、教育形势、工作对象的巨变，迫使我们必须深入思考。要思考在社会主义市场经济条件下，如何培养青少年具有现代观念的问题；如何教育青少年正确处理索取与奉献关系的问题，以及在国门大开之际，如何弘扬中华民族优良传统，传统文化如何与现代接轨的问题；在生活日益提高的情况下，如何教育青少年发扬艰苦奋斗精神的问题……多少问题要求我们去思考啊！为此，班主任必须强化科研意识。而教育科研更离不开思考，以上诸多问题都是德育科研的对象。

五、"创"字功

创新是时代的主旋律，创造力是 21 世纪立于不败之地的资本。面对呼唤创新的新形势、新任务，我们也必须把创新教育摆上日程表。如果说以往的教育突出的是传递性功能，教育的主要任务是传递人类知识与经验、思想，那么，当今社会乃至未来的教育，其主要功能就是发展创造功能。优秀班主任应该审时度势，要爱护和培养学生的好奇心、求知欲，帮助学生自主学习、独立思考，保护学生的探索精神、创新思维，营造崇尚真知、追求真理的氛围，为学生的禀赋和潜能的充分开发创造一种宽松的环境；班主任要注重培养学生的创新意识、创新思维、创新情感、创新能力与创新人格。不仅如此，班主任对德育工作也必须有很强的创新精神，不能再只盯着学生的成绩单，而应站在时代的高度，致力于提高学生全面素质，激发他们各方面的兴趣，锻炼其想象力，使他们养成善于思考、质疑的好习惯；要帮助青少年消除有碍创造力成长的消极个性与心理障碍，发现并培养利于激发创造力的胆魄、理想、兴趣、激情、毅力、互助等优良个性素质，特别要注意培养青少年的创新能力所必备的主动性、通变性、独立性、质疑性、坚持力、想象力和预见力。优秀班主任敢于打破应试教育的桎梏，充分利用社会积极因素，参观科技馆、博物馆、艺术馆，开展艺术教育，组织科技小发明、小制作活动，为发掘、发展青少年的创造力而殚精竭虑、竭尽全力。另外，在教学中要激励青少年开动脑筋，积极思维，不迷信权威，敢于提出自己的见解，敢于向未知世界挺进；在班级活动中，诱导学生敢于发表自己的看法，敢于拿出自己独特的设计方案，敢于发挥自身的主体作用，富有特色地完成任务。

班主任不可不读好的"三本书"

丁声扬

要给学生一碗水，教师就得有一桶水。从这个角度来说，教师更有必要多读书。而班主任呢，重任在身，更有必要多读几本书。天下之书何其多也！任谁也读不完。依我看来，作为班主任，至少要读好如下"三本书"。

一、读好"知识"书，育出合格才

不少教师认为：我是教师，读好学科方面的书就行了。学科方面的书固然要多读，读好，还得弄懂、弄深才行，但这依然不够。"师者，所以传道、授业、解惑也。"教师的职责是教书育人，书要教好，人更得育好。要让学生成人、成才，教师就得多读些教育方面的书。况且，要想教好书，专业课也要靠其他知识的补充、延伸，毕竟知识是相通的。只有知识全面的教师，才能教出知识渊博的学生。

就班主任而言，还得多看看管理方面的书。管理是一门大学问。一个班集体几十个人，在某种意义上说，就是一个小社会。班主任工作，不仅要有满腔热情，对工作热心，对学生有爱心，做事要有恒心，还需要得力、得法。年轻的班主任，常常力不从心，被气得哭鼻子、掉眼泪的也不是没有。为何，就是用力不到位，方法不对头所致。那么该看什么书呢？除那些《班主任兵法》之类的书外，你还可以多看看网上的班主任论坛，还有你身边的优秀班主任就是最好的"管理书"。经验要靠自己摸索、积累，更要靠学习、借鉴。他山之石，可以让我们少走许多的弯路。

班主任学识多，管理水平高，工作也就好做了。其一，学生需要这样高水平的班主任，如此学生成才的几率就增多了，这是学生的福音。其二，学生也敬佩这样有水平的班主任。心服了，会服从管理，也会主动地参与到班级管理中来。其三，班主任工作能应付自如，为成为优秀班主任奠定了基础。

二、读好"学生"书，成效自然来

在有些班主任看来，班主任是管理者，是说一不二的班级最高长官，而学生就是被管理者，老实听话、服从管理是本分。其实，学生是班级管理的对象，但也是管理工作的主要成员。学生不主动参与，班主任只会成为孤家寡人。"学生"这本书读不好，班主任这个"头儿"就没法做了。

一个班主任优秀与否，不是由上级评定，而是要由学生这面镜子来折射。平时，我们看重的是学生学得怎么样、考得怎么样，而没有更多地去了解学生深层次的心理。你知道学生平时在读什么书，在想什么，有什么需要，有什么要求，有什么愿望吗？我们总是说：学生上课迟到，上课说话，上课打瞌睡，上课开小差，还有厌学、早恋、染发、打游戏机什么的。学生问题多多，可我们想过其中的原因吗？要想教好学生，我们就得放下老师架子，去接近学生，接纳学生，多研究学生，好好地读读"学生"这本书。班主任只有了解了学生的生理、心理，才能解决好学习、纪律等问题。光了解情况还不够，还要多与学生交流解决的办法，然后有的放矢，对症下药，逐个击破。读懂了"学生"这本书，工作成效就不用愁了。

三、读好"自己"书，育人争一流

学高为师，身正为范。要为人师表，就得自省其身。只有知彼知己，才能百战不殆。其实光知己还不够，还得战胜自己才行。也许班主任工作是一份吃力不讨好的苦差，但为何就不能摆正心态，去干一行，爱一行呢？学生的问题不少，其实教师的心理问题也不少，只不过我们忽略了而已。一个无法认识自己的人，就不可能去认识好学生；一个带着种种情绪的教师，别指望能上好什么课；一个连对自己都不负责任的人，更无法对学生负责任。自己这本书，别人会读，会评价，但最终还得靠自己来读。

作为班主任，首先得想想你为什么要做班主任。有的人说：工作辛苦，待遇低，鬼才会想做班主任呢！气话归气话。既然吃了这碗饭，就要做好这行事，抱怨还不如做好自己的工作。既是教师，就要教书育人，这是职责所在。做过班主任的，都会有这样的体会：做与不做是完全不同的。班主任对一个人的锻炼价值，是无法用金钱来衡量的。其次，你要分析自己是哪一类型的班主任。是严师型、慈母型、放任型，还是民主型。"严"字当头，树立"家长"威信，学生会服服贴贴，惟班主任是瞻，只是私下里会恨之入骨；"爱"字当头，树立"亲子"形象，事无巨细，亲力亲为，这是溺爱过头；"松"字当头，树立"自主"形象，自己图清闲，混津贴，让学生放任自流，这是失职，也是"缺德"；"放"字当头，树立"民主"形象，讲民主，让师生一起合力解决，这是"放权"。类型不一，不必多举。"严"、"爱"、"松"、"放"各有可取之处。你是哪种类型，你适合哪种类型，你愿意做哪种类型呢？最后，是怎么来做一个有特色的班主任。方法不一，因人而异。别人的方法是秘诀，对你却未必管用。毕竟人的知识、水平、能力各异，教育对象也是千差万别的。是故，别人的经验，自己要借鉴，但没有必要照搬照套。多做多学多思，要在实践中，闯出一条适合自己的教育之路。

一个人最大的敌人，不是别人，而是自己。一个班主任，首先要过了自己这一关。过好自己的认识关、学习关、教育关、心理关等，在此基础上，你才有资格做一个指导者、诊治者，从而协助学生也能顺利过关。正确认识自己，时时剖析自己，勇于战胜自己，处处完善自己，这就是班主任读好自己的要义所在。

读知识，读学生，读自己，愿天下所有的班主任都能读好这"三本书"。

班主任可持续发展的四大战略

顾春峰

面对新的工作要求，班主任应该走专业化发展道路。班主任专业化发展，既是社会赋予我们的责任，也是班主任实现自己可持续发展的重要途径。惟有班主任可持续发展，才能满足专业化发展的要求。班主任内在素质的提高，成为其可持续发展的关键。

一、重建教育理念

现行的班主任工作教育理念，很多需要重新定位，一些原来很有效果的教育理念，现在已经不适应教育的发展。

1. 充分尊重学生是班主任首先应该具备的教育理念

教师独尊的思想违背现代社会的教育要求。人与人之间的相互尊重，是构筑道德与法律意义上的人性和人权的保护屏障。班主任老师应该把尊重学生看作工作的最基本态度。班主任对学生尊重，使学生从小具有"人"的尊严，对他们品德形成产生深远的影响，也促进他们自主性、能动性、创造性的发展。

2. 培养学生能力是班主任极重要的教育理念

当今世界日新月异，个体不时面临抉择，因此必须具备相应的处事的能力。决定个人成功的因素，往往不仅仅是知识，更多的是能力。一个人拥有知识，如果不善于运用，知识就成了累赘。哈佛、斯坦福等世界一流大学在招生时，除了看考试成绩，还要考查学生对社会的了解、应变能力等。班主任应该把培养学生能力作为工作的重要内容。

3. 教育为学生服务

教师和学生的关系，归根结底是谁为谁服务的关系。教育的目的是为了学生的发展，学生是认识事物、学习知识的主人，是服务的对象和主体。班主任为保证每一个孩子都得到良好的发展，就需要在班级制度、目标、措施、方法上做到"一切为了孩子，为了孩子的一切，为了一切的孩子"。要民主、公正、平等地对待每一个学生，设身处地地为学生着想。尽自己所能，向他们提供最适合的教育，使具有不同天赋、潜能、性格、文化差异的学生都得到最充分的发展，真正做到使全体学生全面发展。

4. 重视学生非智力因素的培养

随着社会竞争日益激烈，非智力因素越来越受到教育界的重视，高情商被认为是通向成功的必备素质。一个优秀的班主任，决不能忽视学生非智力因素的培养。要培养学生具有坚忍不拔的意志，广泛持久的兴趣，优秀的个性品质，勇于探索的激情，积极认真的态度，完善的人格和坚定的理想。

二、凝练人格力量

人格力量是班主任全方位的内在素养。崇高的人格力量，是渊博的学识，谦恭的为人，幽默睿智的谈吐，健康稳定的心态，丰富、深邃、独特的思想见解，善良、真诚、宽容、正直、富有爱心的人格品质的外在表现，它给人以启迪、教育、影响并形成积极的精神动力，是任何教科书、任何道德箴言、任何奖惩制度等都不能代替的教育力量。班主任的人格力量对班集体的建设和发展具有不可比拟的作用和影响。

班主任渊博的知识，往往给学生心灵上的震撼，涓涓细流、汩汩涌泉的知识流淌在学生心间，学生是怀着一颗多么虔诚的心认可并提升班主任的形象啊。由于现代社会的飞速发展，学生在认识过程中产生了许多疑问和困惑，他们往往求助于班主任，这时候，班主任的威信、魅力极易形成，但也极易消失。

班主任的一言一行、一举一动，都可能在学生身上留下深深的烙印，曾经说过的、做过的，若干年以后，有的还在影响着学生。班主任的为人处世，是学生的一面镜子，对学生具有潜在的影响。如果班主任与人友善，对人真诚，待人宽容，为人正直，平等地关爱每一个学生，学生也会以同样的方式方法、态度为人处世。

健康稳定的心态，是每个现代人应有的心理素质。班主任，更要以良好的、持久的心态面对学生，要始终以激昂的、饱满的热情工作，以平和隽永的微笑关怀学生，驱赶学生心头的阴霾，激发学生的志气，使学生学会以坦荡的胸怀面对人生，感激生活。

三、创新工作方式

创新是班主任实现可持续发展的根本保证，是班主任工作得以与时俱进、有效开展的重要前提。反思现行的班主任工作方式，多为松散的、被动的、应付的，工作缺乏系统性和科学性。要走出班主任工作困境，必须对工作方式进行开创性的改革和实践。

1. 班主任工作是一门课程

班主任工作有明确的目标，有具体的内容，有教育过程，有结果和评价，它是一门完整意义上的课程。班主任要把这项工作当作一门课程，要研究它的内在规律，学生的特点，外界的影响，教育的内容、方法、途径、手段、效果，以学科课程教学的态度来对待这项工作。

2. 教育内容要系统连贯，紧跟时代潮流

班主任工作之所以不能成为课程，主要原因在于它的内容没有教材，缺乏系统性。其实，班主任工作有具体教材是不切实际的，然而工作大纲是应该有的。在新课程培养目标的总要求中，既有一以贯之的传统要求，又有时代特征的新要求，特别是"社会责任感"、"终身学习"、"创新精神"、"实践能力"、"环保意识"、"良好的心理素质"和"健康的生活方式"等新内容。班主任平时应该多注意收集、整理德育资料，以便给学生丰盛的精神食粮。

3. 教育方法要符合学生特点和要求，要灵活多样

班主任不能总是以说教的方式来进行工作，不仅进行口头上的教育，还要多想点子，通过辩论、演讲、实践、探索、参观、采访、考察、交流、自我管理等形式的活动，达到教育的目的。

四、实现终身学习

现在，社会的快速变化，知识的迅速成长与淘汰，信息技术飞速发展，个体较高的教育期望，迫使每个人把终身学习作为生存和发展的需要。班主任是学生人生道路的引导者，人类文明的传播者，学生生活的关爱者，学生成长的监护人，更应该作终身学习的表率。班主任的终身学习内容主要包括以下几个方面：

1. 专业素养

班主任的教育理念是影响教育效果的关键，有了先进的教育理念，培养目标才更有时代性，工作才更有生机和活力，方法才能对路。工作能力，是指对具体事务的处理能力、应变能力、协调能力、组合能力、交往能力、指挥能力等。班主任要在实践中多锻炼、多总结、多借鉴、多思考、多学习别人的经验和方法，形成一套独特的工作风格。

2. 文化素养

文化素养是指班主任应具有的知识内涵。优秀的班主任，要上知天文，下知地理，通晓古今，融贯中西，即使不能面面俱到，也要略懂一二，在知识层面上满足学生的需要。教师仅有"一桶水"是不够的，必须及时更新知识，使自己的知识成为一泓汩汩不断、优质新鲜的"涌泉"。

3. 信息素养

以计算机技术和互联网为代表的信息技术的广泛应用，引起人的生存方式和学习方式的改变，人们愈加重视信息素养的提高。《基础课程改革纲要》指出：要大力推进信息技术在教学过程中的普遍应用，促进信息技术与学科课程的整合，逐步实现教学内容的呈现方式、学生的学习方式、教师的教学方式和师生互动方式的变革，为学生的可持续发展提供丰富多彩的教育环境和有力的学习工具。在实施班级管理过程中，班主任信息素养所起的作用是显而易见的。引导学生掌握信息技术，也是班主任工作的内容之一。这些都要求班主任具有较强的信息技术意识、知识与能力。

"教师博客"催生出班主任工作的新天地

蒋於欣

"教师博客（blog）"是计算机网络世界中刚刚诞生的新生事物，是教育博客的一种，各地区各学校不同年级不同学科的老师利用互联网新兴的"零壁垒"的博客技术，以文字、多媒体方式，将个人各种教育资源上传发表，超越传统时空局限，让全社会共享。随着教师博客的不断发展普及，班主任老师也在教师博客群体中活跃起来，来自不同地域不同学校的各年级班主任工作者汇集到倡导者在网站创建的班主任工作联盟——"班主任之家"。"教师博客"催生出了信息化时代班主任工作的新天地。

一、搭建了班主任老师学习交流的新平台

通常，班主任工作的岗位培训往往是通过读书看报、开会研讨、专题讲座、外出参观等传统的学习交流方法进行的，往往受到时间、空间、经费等物质条件的限制和束缚。教师博客的出现，使班主任有了自己学习交流的新平台，使班主任岗位培训工作更加经济、便捷、自由了。教育主管部门制订的政策法规，提出的工作要求以及研讨活动安排可以及时上网公布，让广大班主任老师在第一时间及时阅览知晓。同行之间有什么班级教育管理的新思想、新体会、好经验、好方法可以及时上传发表，让大家共同学习借鉴。班级教育管理工作当中有什么疑难、困惑，可以随时发帖求助，恳请经验丰富的行家里手指导。大家可以针对实际工作中的一些新问题、新现象及时提出意见，发表见解，自由探讨，研究对策。

"教师博客"下的"班主任之家"用一个 QQ 群把来自不同地区、不同学校、不同年级的班主任老师串在一起，组成"班主任工作联盟"。他们不问性别、不论年龄，但都有一个共同的理想追求、共同的志趣爱好。他们是一个责任心和科研精神很强的教师博客群体。在"班主任之家"，很多问题在第一时间里通过自由讨论得到了迅速解决。这里成了名副其实的班主任工作自由论坛。在博客上，几乎所有问题都有多种解决的办法，这里没有所谓的权威，没有所谓的高低、主次、上下之分，只有自由、民主、平等，因为每个 ID 都是绝对的平等。各种教育思想在这里发生碰撞，为一线工作的班主任以后解决其他实际问题提供了思路和借鉴。在教育现代化的工作实践中，博客已成为班主任老师自己的实实在在的学习交流的新平台。

二、开辟了师生互动交流的新途径

《中国青年报》2005 年 3 月 23 日教育版介绍了一个教育转化学生的实例，标题为"77 名教师改变了一个学生"。说的是"仔仔"

（网名）在互联网中进入一个教师博客这样特殊的 QQ 群体，在众多教师的教育感化下由贪玩厌学的问题学生转变为勤奋好学的好学生的故事。在这里，教师博客对"仔仔"的转化发挥了重要作用。随着互联网的普及，上网聊天已成为当今学校学生生活中一个不可或缺的部分。面对网吧对学校教育严再的负面影响，班主任老师如何充分挖掘和发挥互联网的德育功能，充分利用互联网丰富的信息资源和方便、自由、快捷的功能特点，加强与学生的心灵沟通、情感交流，已成为学校德育工作中的一个重要课题。教师博客的出现，为班主任老师加强师生互动、交流，开辟了新途径。在互联网的虚拟世界里，师生之间无角色隔阂，没有年龄的差异，可以敞开心扉、自由交谈、畅所欲言，教师的话学生能听得进，班主任提出的学习、生活各方面的规范要求容易被学生接受。"博友"们广博的知识，深邃的思想，高尚的情操，感人的精神品德、人格魅力能使学生乐于接受并努力效仿。班主任老师可以通过"博客"这个特殊通道，加强与学生的沟通联系，通过不断的教育感化，灌输思想教育，培养行为习惯，辅导文化学习，进行心理疏导，从而彻底改变学生的人生，促进其健康成长。

三、迎来了班主任老师个性张扬、特色培养的新时空

培养具有创新精神的学生，需要有个性化的老师。然而，个性化的老师和有特色的具有个性化教育方式的老师并不多见。21世纪信息化时代的学校教育呼唤个性化、有特色的老师，尤其是班主任老师。教师博客有利于班主任老师张扬个性、形成特色。在"班主任之家"中，由于没有地位高低贵贱之分，没有任何附加的人为约束顾忌，而是绝对的自由平等，教师的个性得到充分发挥和张扬。有的用诙谐幽默的口吻激励学生，学生心悦诚服；有的亲切和蔼，学生十分愿意倾吐心声；有的心直口快、愤世嫉俗，倍受学生喜爱；有的嬉笑怒骂，学生情绪得到极大鼓舞……在学生人生的课堂中，个性化的老师在给予学生知识的同时，更

赋予了他们宝贵的精神财富、人格魅力。班主任在充分张扬个性、展示才艺特长中培养了自己的特色。

教师博客就像一个巨大的超市，班主任老师可以借助于网络舞台，展示出各种各样的教育思想和教育风格。超市化的教育，必将迎来教育模式多样化的春天。

四、推动了现代教育事业的发展

教师博客的产生和发展，对现代教育事业带来了强大的冲击，它极大地促进了现代教育事业的发展，促使教育模式走向多样化。在传统的"学院式教育模式"之外，一种新型的教育模式开始出现，开放的"集市式教育模式"登上了历史舞台。超市化的教育思想必然会促进现代教育向多样化的方向发展，开放的集市式教育模式在当今信息时代对促进教师教育思想的进步、教育技能的提高、教育效果的优化等方面具有更大的优越性，对促进学生发挥学习的自主性、积极性、增强学习兴趣、培养个性特长、挖掘学习潜能、调适心理状态等方面也具有明显的优势，它更能适应现代教育事业的发展，更能适应现代青少年学生全面发展和健康成长的需要。

新生事物往往具有强大的生命力。教师博客的出现推动了人类教育事业的发展，促进了班主任工作的不断创新。让我们大家共同努力，在班主任工作这片新天地里尽情地自由奋飞翱翔，创造更大的辉煌！

构筑班级管理的网络平台

朱瑞春

现在的初中学生可谓是成长在网络时代的学生，他们见多识广、知识丰富，心存高远，对班主任班级管理挑剔多，要求高。如果班主任不能适应网络时代学生的需求，班主任工作仅凭传统的说教，那么教育常常会表现得苍白无力。教育的针对性、有效性就很难得到落实，更别说班主任对学生教育影响的久远性了。笔者在近年的班主任实践中，尝试用班级管理的网络平台教育学生、影响学生，把网络对学生的巨大诱惑变成了网络对学生教育的巨大作用，起到了令人意想不到的教育效果。

一、班级论坛——思想教育的有效载体

由于网络的开放性、隐蔽性和娱乐性，不少学生从小学阶段就沉迷于上网。对于平时缺少交流沟通且多为独生子女的学生来说，网络提供了一个可以畅所欲言、倾诉烦恼的绝佳场所；网络还将大千世界众生相全方位展示在学生的面前，极大地满足了学生的好奇心理。充分利用学生对网络的激情和网络跨越时空的特点，将班主任的管理理念、管理要求置于网络上，投其所好，利用学校网站提供的班级论坛，在网络上对学生因势利导，充分发挥网络作为教育资源的载体作用，班主任的教育就会达到潜移默化、润物细无声的效果。

为了培养班级学生善于挑战自我、勇敢面对激烈竞争的良好心理素质，我给每一个学生都明确了个人奋斗目标，从卫生包干到学习成绩，从听课的认真程度到作业的独立完成，人人都有竞争对手，个个都有超越目标。一次，一个学生在班级论坛上发了个题为"竞争"的帖子："竞争对手能不能不公布？"学生纷纷跟帖，各抒己见，绝大多数学生都表示了不要公布竞争对手的观点，我也在上面跟了个帖子：

如果问一只小鹿在什么时候跑得最快，答案自然是后面几米的地方有张着血盆大口的豹子追赶的时候；如果问动物园的狮子和非洲草原的狮子谁更厉害，无疑在残酷的竞争中生存下来的后者要比前者强上几十倍。对失败的恐惧是与生俱来的，成功者便是战胜了

这种恐惧，未雨绸缪，用自己最好的状态笑对竞争的人。从这个意义上讲，班级需要竞争，同学需要竞争，竞争才可以让班级和每个同学更具生命力！

寥寥数语，用简单的现象诠释复杂的道理，很多学生在跟帖中表示出了最大程度的认可："Yes！我懂了！！！"

二、个人邮箱——班级管理的信息渠道

很多时候，由于传统师道尊严的影响和师生之间对事物认识的巨大差异，相当一部分学生对老师，尤其是对班主任，总是敬而远之，不少学生甚至避之惟恐不及，师生之间相互埋怨，互相指责，师生间的谈话常常变成了教师单方面的"演说"或"说教"。即使用写周记的形式，由于身份明确，知名知姓，学生心有顾忌，不能也不敢畅所欲言，教师很难了解学生的真实想法，更别说听到学生的不同意见了，这在很大程度上增加了班主任对班级管理的难度。用个人邮箱架起师生间心灵沟通的桥梁，可以让学生在比较隐蔽的私人空间畅所欲言，这种情境下师生进行平等关系的交流，消除了教师角色带给学生心中无形的心理压力，学生往往能畅所欲言，能讲真话，敢提意见。

我曾经遇到过一件让人十分头疼的事，有一段时间班级中接二连二有学生反映丢失了东两，大到e百分、文曲星，小到一支笔、一本书，个别家长为此还专门找我要"说法"，我也因此而费了不少心机，班会课上多次进行引导教育，班级中调查摸底，但一直是毫无线索。一时间学生彼此怀疑，相互间陡然增加了许多不信任的目光，给班级和谐向上的人际关系蒙上了一层阴影。在百般无奈之下，我想到了网络。何不尝试用保密邮箱的隐蔽性，和学生之间进行一种看不见的沟通呢？我给每个学生布置了一次特殊的作业，让大家就班级中发生的这些事情用电子邮件的方式说说自己的看法，谈谈解决问题的方法。一周以后，我先后收到了学生发来的电子邮件37

封，绝大多数学生对这些事情或提供线索或加以谴责，其中有一个学生的电子邮件引起了我的高度关注。这位学生居然在邮件中直言不讳地说，班级中的系列失窃案就是他一人所为，自己还正为此事而得意呢！这个线索一下子让我兴奋了起来，千方百计要寻找的线索居然得来全不费功夫！接下来，我和该同学就这样的行为通过互发邮件的方式进行了多次探讨，在我有针对性地引导和答应保密的情况下，这位学生终于被我的真诚所感动，说出了制造系列失窃案的真实原因。原来，原因竟然只有一个：嫉妒！几天后，学校的门卫通知我去领包裹，打开一看，包裹中装的就是班级中同学先后丢失的东西。

三、QQ 聊天——情感交流的直通快车

我曾经就学生最喜欢的沟通方式做过调查，出人意料的是班级中 90%以上学生的答案均选择了 QQ 聊天。事实上，现在的中学生，尤其是经济发达地区的学生，绝大多数都拥有自己的 QQ 号，有的甚至有两三个号码，用 QQ 上网聊天成了当前学生很时髦的交际途径和不良情绪释放的常用手段。何不尝试用 QQ 和学生搭建情感交流的直通快车呢？

在一次班会上，我非常认真地把自己的 QQ 号码向全班同学作了公布，并特别声明欢迎同学在网上隐藏身份与我聊天谈心。这赢得了全班同学长时间的热烈掌声。此后，每天晚上把自己挂在 QQ 上，几乎成了我生活中不可缺少的内容。班上的学生经常找我聊天，有时候一聊就是个把小时。可以说，QQ 给了我和学生情感交流的最大空间，在这里，我能用朋友的身份和学生激扬文字，探讨人生。这样的交流，不再有师生之间直面相对的尴尬，不再有师生间的心理距离，不再有学生面对老师的心有余悸，从学习到家庭，从老师到学生，从生理到心理，从现在到未来，QQ 上的学生个个都变得如此直言不讳。这样的一种情感上的不设防，使得我有最多的机会让学生"近朱者赤"，有最好的时机把对学生成长的要求"随风潜入

夜"。我也因此拥有了和学生之间更深的师生感情，师生间有了更多的默契和心领神会。"亲其师"就会"信其道"，师生之间的相互理解和信任，使教师的要求对学生的言行具有了更大的影响力、更多的约束力。记得班上有一名叫小雨的同学，平时经常迟到、旷课、上课东张西望，我多次请家长期望共同教育他，但效果就是不理想。这名学生在网上向我敞开了心扉：

老师，我也要求上进，但你得给我时间。我最伤心的是，你在班上对众人皆知的我不点名的批评，只要想到你的批评，我就一点信心也没有了。

想不到自己不经意的"比较艺术的"不点名批评，居然对学生产生了这么大的影响，竟然对学生带来了如此大的伤害。

我特意在QQ上给这位学生留了一封致歉信，以后针对这名学生心理敏感的特点，我在对他教育时更加注重方式方法，并在这位学生生日之际，在QQ上为他送上了生日贺卡。这名学生从此在班上像变了个人似的，班级的事情抢着做，课堂上专心致志，成绩有了明显提高。这样的表现令他的父母都感到惊奇：这孩子越来越懂事了！

去年教师节时，我的邮箱中收到了55张贺卡，QQ上也留下了很多学生祝福的话，我在给学生逐一答复的时候，心中涌动着的是一种感动和满足。我的网络班主任经历，让我更深切地体会到了网络对学生影响的巨大。如何用好网络这把双刃剑，以学生喜闻乐见的形式走进学生的心灵深处，更多地打动人心，更快地影响学生，更好地铸造灵魂，无疑将是当代班主任现在和将来都必须面对的一个沉甸甸的话题。